人性的弱点

How to Win Friends and Influence People

〔美国〕戴尔·卡耐基 著

李晨曦 译

译林出版社

目　录

修订版前言

本书1937年首次出版时，印数仅仅五千册。无论是作者戴尔·卡耐基，还是出版者西蒙&舒斯特公司，都没有指望本书的销售能超过这个数目。然而令他们惊奇的是，这本书一夜走红，并且随着读者不断增加的需要而一版再版。在出版史上，本书创造了全世界图书销售空前的记录。在经济萧条时期之后，本书满足了普遍存在的人性的需要，触动了读者的神经。因而，本书的销售延续了近半个世纪，直到20世纪80年代。

戴尔·卡耐基曾经说过，赚取一百万美元要比用英文表达出一句金玉良言容易得多。而本书中的许多内容都成了这样的金玉良言——它们被无数的刊物引用、节选和效仿，无论是在政治漫画中，还是在小说里。本书几乎被译为每一种已知的书面语言。每一代人都会发现本书常读常新，而且内容十分中肯。

这就顺理成章地带给我们一个问题：为什么要修订这样一本已经被证明了其活力和吸引力的图书呢？为什么要给它的成功画蛇添足呢？

要回答这个问题，我们必须认识到，戴尔·卡耐基本人在他的有生之年总是对自己的著作孜孜不倦地进行修改。本书原本是他用于高效演讲和人际关系课程的教科书，到现在也仍然在使用。为了能适应公众不断发展的需求，他在1955年去世之前，都一直致力于不断地改进、修订他的课程。戴尔·卡耐基能比其他任何人更敏锐地体察到现代生活的变化趋势。他经常改进、总结他的教学方法。他那本关于演讲的书就更新过好几次。如果他能活得久一点儿，他一定会亲自动手修订本书，并把20世纪30年代以来世界所发生的变化更好地反映出来。

书中许多卓越人物的名字，在本书初版时已经家喻户晓，但是对现在的很多读者来说却很陌生。在我们今天的社会环境中，书里原有的一些事例和语言就像维多利亚时代的小说一样显得古怪而陈旧。这在一定程度上弱化了书中的重要信息和带给读者的强烈震撼。

因此，我们的目的是在这一修订版中，为现在的读者厘清并强化本书的内容，而不是篡改它们。我们没有“改变”这本书，只是做些删减，增加些现代的事例。明快紧凑的卡耐基风格被保留下来——甚至包括那些20世纪30年代的俚语。戴尔·卡耐基的写作就像他说话一样娓娓道来，词汇丰富，通俗易懂。

在戴尔·卡耐基的这本书中，他的声音仍然像从前一样有力。全世界每年都有数以千计的人参加卡耐基课程的培训，而且人数还在不断增加。还有成千上万的读者在阅读、研究本书，利用书中的原则改善他们的生活，并从中受到激励。对于所有这些人，我们唯有精益求精，奉献上《人性的弱点》修订版，以飨读者。

多萝西·卡耐基

（卡耐基夫人）

本书的写作过程和缘起

在 20 世纪最初的三十五年里，美国的出版社印刷了二十多万种形形色色的图书。其中大多数枯燥无味，乏善可陈，有许多都亏了本。“许多”，这是我说的吗？不。全球最大的某一家出版社老总告诉我，他的公司已经有七十五年的出版经验，可是仍然面临着出版八本书有七本书亏本的局面。

那么，也许你要问：为什么我还有勇气写作此书？又为什么要在它成书之后劳烦你来阅读呢？

这两个问题问得好。让我来试着回答它们。

从 1912 年开始，我在纽约为商业和专职人员讲授教育课程。起先，我只负责公共演讲课——这是一门专为成年人设计的培训课程，让他们通过实践的体验去思考，在商业洽谈或者面对团队时，能将他们的想法表达得更清晰、更有效、更从容。

随着时间的推移，我意识到这些人不仅需要高效演讲的课程训练，在日常商业和社会活动中，他们更需要另一种训练，使他们与别人能更融洽地相处。

同时，我逐渐意识到，其实我自己也需要这样的训练。因为当我回首往事时，我惊奇地发现我本身就缺乏人际交往的思维能力和理解力。我多么希望在二十年前能有这样的一部书放在我的手边！那将是多么无价的财富啊！

人际交往也许是你面临的最大的问题，如果你身处商业圈就更是如此了。当然，即便你是家庭主妇、建筑师或者工程师，也是一样。

几年前，卡耐基促进教育基金赞助了一项研究，揭示了一个重要而明显的事实——这一结果后来又被卡耐基技术研究院进行的另外一项研究证实了。这些调查研究表明，即使是工程之类的技术工作，大约仅有 15% 的经济收入是靠技术技能获得的，而约 85% 取决于人类工程的技巧——人格和领导他人的能力。

有许多年，我每一季度都在费城工程师俱乐部教课，同时也在美国电机学院的纽约分部开课。大概有总数超过一千五百名的工程师上过我的课。经过多年观察和经验，他们最后发现，在工程界拿最高薪的人常常不是那些最擅长工程技术的人。比如，我们用极少的薪酬就可以雇用到工程、会计、建筑或是其他专业人才。但是如果一个人具备专业知识，同时又有表达能力、领导才能以及激发周围人热情的能力——这样的人的收入势必更高。这就是工程师们来听我讲课的原因。

约翰 · D. 洛克菲勒在他的事业达到巅峰时说："与人相处的能力就像糖或者咖啡一样，也是一种可以购买的商品。与世上的其他任何东西相比，我更愿意为这种能力支付更多的报酬。"

你能够设想，这片土地上的每一所大学都在教授这门培养世上最有价值能力的课程吗？如果这一切成为现实，甚至只有一所大学开设了这门课程，那么，我就会打消编写本书的念头了。

芝加哥大学和联合青年会学校进行了一项研究，了解成年人想学习什么。这项研究历时两年，耗资两万五千美元。研究的最后一部分在康涅狄格州的梅里登完成。研究者选取了这个典型的美国城镇，镇上的每一个成年人都参与了调查，按要求回答一百五十六个问题——包括诸如你的职业、专业、受教育程度、休闲的方式、收入状况、爱好、理想、面临的困难以及最感兴趣的学习课程等各方面的问题。结果显示，成年人最关注的是健康问题，其次是人际关系，比如怎样理解他人并与之相处；如何让人们喜欢你；如何赢得他人对你的想法的认同。

针对这一结论，调查委员会决定为该镇的成年人提供一种训练人际交往能力的课程。他们仔细地寻找这一领域中实用的教科书，然而一无所获。最后，他们就此咨询了一位世界级的研究成人教育问题的著名权威。“没有。”这位权威证实说，“我了解这些成年人想要什么，但是能满足他们需要的书还没有写出来呢。”

我自己也曾经成年累月地找寻实用有效的人际关系手册，所以对此感受颇深。我知道，这位权威并没有夸大其词。既然没有这样的书，我就试着写一本自己上课用的教科书。现在，这本书就放在你的面前，希望你能喜欢。

在准备素材的阶段，我翻阅了所有我能找到的相关材料——从报纸专栏、杂志文章、民事案件的档案，到古代哲学家和现代心理学家的著作。我还雇请了一位训练有素的研究者，在一年半的时间里穿梭于各种图书馆，拾遗补缺。我们博览了各类心理学图书，浏览了数以百计的期刊文章，从数不清的传记中寻找案例。我们试图弄清各个时代的伟人是如何与人交往的。从恺撒到托马斯·爱迪生，我们阅读他们的传记，了解所有这些伟人的生平故事。我记得光是西奥多·罗斯福的传记我们就读了一百多种。我们下决心不惜时间、不论花费，一定要找到他们在各自的时代中赢得友谊并影响他人的每一种有效方法。

我本人也访问过相当数量的成功人士，其中有的人闻名世界——发明家马可尼、爱迪生，政坛领袖富兰克林·罗斯福、詹姆斯·法利，商界名流欧文·D. 杨，电影明星克拉克·盖博、玛丽·毕克馥，以及勘探家马丁·约翰逊——我试图从他们身上发掘他们处理人际关系的技巧。

根据所有这些素材，我准备了一个短小的演讲。我称之为“怎样赢得朋友并影响他人”。所谓“短小”，是指演讲刚开始很短，可是它很快就扩充到了一个半小时。多年以来，每个季度我都在纽约卡耐基学院的成人课程上演讲这个题目。

我要求学生们走出课堂，在他们的商业和社会活动中去应用，然后再返回课堂谈谈他们的切身体会和所取得的成果。多么有意思的作业呀！这些渴望自我发展的男女学生们，兴奋地发现他们正置身于一种新型的实验室里—— 一个以前未曾有过的人际关系实验室。在当时，它是第一个，也是唯一的一个。

本书不是我靠灵感写出来的。它更像一个孩子，从实验室里诞生，在数以千计的人们的经验中慢慢成长、壮大。

多年以前，我们开始印刷一种不超过明信片大小的卡片，上面写着一套人际交往的规则。此后第二个季度，我们印制了大点儿的卡片，再以后是宣传单，然后是一套小册子，而每一次都扩展了内容和规模。就这样，我们终于把十五年的经验和研究汇成了这本书。

我们在书中总结的规则并不是单纯的理论或者主观臆断。它们就像魔法一样，这听起来也许不可思议，然而我亲眼看到这些人际关系规则的应用革命性地改变了许多人的生活。

下面我们举例说明。

一个男人参加了训练，他手下领导着三百一十四名员工。以前，他总是毫无顾忌地指使、批评、指责雇员。人们从不指望从他嘴里听到善意的表扬和鼓励之类的话。在研究了本书讨论的人际关系原则之后，他的人生观完全改变了。现在，他领导的团队面貌一新，忠诚、热情、具有合作精神。三百一十四名敌人变成了三百一十四个朋友。他在同学们面前发表了一通自豪的演说："过去，当我视察公司时，没有人支持我。当雇员们看见我走近时，眼睛总是转向别处。但是现在他们都成了我的朋友，甚至连打扫卫生的工人都会对我直呼其名。"

这位老板获得了更多的利润，更多的空闲时间。更重要的是，他在工作和家庭中找到的乐趣比原先多得多。

无数推销员利用这些原则迅速提升了他们的销售业绩。许多人拥有了新客户，而这些新客户，恰恰是他们以前曾拜访推销却徒劳无功的客户。一位经理人说他因为应用了这些准则，薪水涨了很多。另一个在费城天然气工程公司供职的经理已经六十五岁了，由于他的领导能力不强，又爱发脾气，因而被内定要降职的。经过人际交往的训练，他不仅没降职，还被晋了级，提高了工资。

还有在课程结束时举办的宴会上，学员们的家属无数次告诉我，他们的家庭在丈夫或是妻子参加了训练之后变得更幸福了。

人们经常对他们获得的新成就感到十分惊诧。所有这些好像魔法一样神奇。有时，他们星期天往我家里打电话，迫不及待地向我汇报，因为他们不想等到四十八小时之后在常规的课堂上才告诉我发生的变化。

有个男学员在听了人际交往原则的演讲后被深深地触动了，他晚上和班里的其他同学进行了长久地讨论。到了凌晨三点，别人都回家了，而他仍在深刻反省自己曾犯的错误。与此同时，一个崭新而美好的世界的前景也展现在他面前，激励着他。他更加难以入睡，甚至一夜无眠，接连两三天都是如此。

你知道他是谁？一个天真的没受过教育的人？一个准备不加选择地接受任意一种新理论的人？猜错了，差得远了。这位学员能流利地讲三种语言，毕业于欧洲的两所大学，是一个老练而勤奋的艺术品经销商。

在写这一章时，我收到了一封来自某所老牌学校的德国人的信，他是个贵族，祖先几代人都是德国普鲁士王朝霍亨索伦王室陆军的高级将领。这封信是在大西洋彼岸的一艘汽船上写的，信中说他对我所倡导的人际关系准则充满了宗教般虔诚的热情。

另一个纽约的富翁是哈佛大学的毕业生，拥有一个大型地毯工厂。他说，在大学四年期间他也学过类似主题的课程，可却没有这十四个星期的收获大。通过我们的系统训练，他学到了提高影响力的技能和艺术。荒谬？可笑？当然，你有权用任何你所希望的形容词来否认这些陈述。我要做的仅仅是不加评论地陈述事实：上述这番话是 1933 年 2 月 23 日星期四晚上，在纽约的耶鲁俱乐部里，一个保守然而非常成功的哈佛毕业生在大约六百人面前公开演说的内容。

“和我们应该做到的相比，”哈佛著名教授威廉姆·詹姆斯说，“我们仅仅保持着一半的清醒。我们正在利用一小部分生理的和心理的资源。由此推而广之看人类社会，个体的生活长期囿于局限中。人们拥有各种不同的能力，但是他们却习惯性地舍弃。”

多么可惜的被“习惯性地舍弃”的能量呀！本书的唯一目的就是帮助你发现、拓展、利用这些潜藏的未加利用的财富。

“教育，”普林斯顿大学原校长约翰·D. 希伯恩博士说，“是一种能满足生活境况的能力。”

如果你读完了本书的前三章——发现你的生活境况没有一点改善，那么我会认定这本书总体上是失败之作。因为就像英国实证主义哲学家赫伯特·斯宾塞说的那样：“教育的最高目标不是知识，而是行动。”

本书就是这样的行动手册。

戴尔·卡耐基于1936年

如何最大地从本书中获益的九个建议

1．如果你希望最大限度地从书中获取所需的内容，有一点要求是绝对必要的，实质上它比其他的准则和技巧更重要。除非你具备了这一点，否则你学习的上千条法则都会收效甚微。而且，如果你确实拥有这项最重要的天资，那么你无须往下阅读其他的八条建议就可以获得非凡的成绩。

这个神奇的要求到底是什么？那就是：想提高人际交往能力的迫切的愿望和强有力的决心。

如何才能产生这种迫切要求呢？不断地提醒自己这些人际交往的学问对你来说是多么的重要。给自己勾画一幅图景，想象这些神秘的法则帮助你实现了更加富足、幸福而充实的生活。反复对自己说："我的声望、我的幸福和价值在很大程度上都取决于人际交往能力的强弱。"

2．首先，请快速浏览一个章节。然后，你可能会迫不及待地立即翻到下一章。但是，等一下——除非你只是为了消遣才读这本书的。如果你是为了提高处理人际关系的技巧，那就翻回前面仔细地重读这一章。长远地看，这样做会更节省时间，效果会更好。

3．阅读中要经常停下来思考书中的内容。问一问自己，你会在何时、用什么方式应用里面的每一条建议。

4．阅读时在手边放一支彩笔、铅笔、钢笔或者荧光笔。在看到你觉得有用的建议时，就在每个句子下画线，或者用彩笔把它框起来，或者用“****”做标记。这会让你的阅读更有趣，复习起来也更容易、更快速。

5．我认识一个大型保险业事务所的女经理有十五年了。每个月，她都要把当月公司签订的所有保险合同看一遍。当然，她月复一月、年复一年地读着许多内容相同的合同。为什么呢？因为经验告诉她，这是她能够把这些规定清楚地记在脑袋中的唯一方法。

我曾花费了差不多两年的时间来撰写一本关于公共讲演的书，然而，我发现我不得不一遍又一遍地翻阅它，以便回忆我在自己的书里写过的内容。我们的忘性之大实在令人吃惊。

因此，如果你想真正地、持久地从本书中获益，不要妄想仅仅浏览一遍就足够了。在从头到尾读过一遍之后，你应该每个月抽出几个小时再复习一遍，经常翻翻它。把书放在一眼能看到并触手可及的地方，以不断提醒自己。记住，只有反复温习和不断实践才能将书中的规则变为个人的习惯。除此之外，别无他法。

6．萧伯纳曾经宣称 :“你想教会别人做事，假如只靠讲授的话，那他永远也学不会。”他的话没错。学习是一个主动获取的过程，我们依靠实践来学习。所以，如果你愿意学习、掌握本书的准则，那就试着去实践吧。利用每一个机会应用这些准则。否则，你会把它们很快忘掉。只有阅读时在手边放一支笔，看到有用的建议就立即做标记，这能让阅读更有趣，也更便于复习。被用过的学问才会牢牢地印在你的头脑中，成为你自己的知识。

你也许会发现应用人际交往的原则总是很困难。我明白这一点，因为作为本书的作者，我也常常意识到我提倡的这些准则做起来并不容易。比如，当你不高兴时，更愿意批评、谴责别人，而不是试图去理解别人的观点。发现别人的错误常常比找到他们的优点容易得多。在交谈时，人们很自然地谈论自己感兴趣的事，而不关注对方在想什么。所以，在你读本书时，请记住你不仅要获取知识，而且要试图培养新的习惯。是的，你是在尝试一种新的生活方式。这需要时间、持之以恒和日常的实践。

经常查阅这些篇章。把本书作为人际关系工作手册。无论何时，当你面对某些特殊的问题时——诸如与孩子相处、争取伴侣对你想法的认同，或是为了让一个生气的顾客变得满意起来——你会在顺其自然和冲动的做法之间犹豫不决。通常，这样做的结果都不理想。相反，你应该翻到书中标记过的地方重新看看。然后，试着用新的方法，检验它们能否发挥神奇的功效。

7. 当你的伴侣、孩子或者某些工作伙伴指出你确实违反了某条准则时，付给他们一角硬币或者一美元。在学习准则的过程中，不妨做做这个好玩的游戏。

8. 在我的课堂上，一位重要的华尔街银行的总裁有一次描述了他用来自我提高的办法，一套非常行之有效的方法。这个银行家没受过什么正规的教育，然而这并不妨碍他成为美国举足轻重的金融家之一。他坦言，正是由于他不断地运用这套自创的方法，才获得了今天的成就。下面，我将尽量用我能记住的原话，引述他的发言。

多年以来，我都保留着一个约会记录本，记下我当天所有的约会。在星期六晚上，我的家人从来不给我安排任何活动，因为他们知道我每周六晚上都会抽时间进行自我检查、反省和评价。晚饭之后，我独自悄悄离开，打开我的约会记录本，仔细审视本周里进行的所有会面、讨论和会议。我问自己：

那次我犯了什么错误？

怎么做才是正确的，以及我能用什么方法让自己的表现更出色？

我能从这次教训中学到什么？

我常发现每周的回顾令我很不高兴，因为我总是吃惊地发现自己的失误。当然，随着时间的推移，这类失误不常见了。有时，我更愿意在一次会议之后拍拍后背提醒自己。这套自我分析、自我教育的方法我坚持了一年又一年，因为比起我所尝试过的其他办法，它更有效。

它帮助我提高了决策的能力，并且在与人打交道的过程中它也极大地帮助了我。我太推崇这套方法了。

为什么不用类似的方法来检验你对书中所讨论的人际关系准则的实践情况呢？如果你这样做了，会有两个结果：其一，你会发现自己置身于一个迷人的、千金难求的学习体验中；其二，你处理人际关系的能力正在突飞猛进。

9．请将你在应用人际关系准则的过程中成功的案例记录下来。请务必详细而准确，记录必须包括姓名、日期和结果。保留这样的记录可以鼓励你更加努力，也许若干年以后的某个夜晚，你会偶然翻开这个记录，那将是多么激动人心的情形啊！

综上所述，为了能够最大限度地受益于本书，请你：

a. 树立你想要掌握人际交往诀窍的迫切而强烈的愿望。

b. 在阅读下一章之前，确保你已经将本章阅读了两遍。

c. 阅读过程中，要经常停下来问一问自己，你该怎样实践书中的每一条建议。

d. 标记出每一条重要的观点。

e. 每个月都温习本书。

f. 利用每一个机会实践这些原则。可把本书作为一个工作手册，用来帮助你解决日常的问题。

g. 做一个有趣的学习游戏。比如约定：如果你的朋友发现你没有遵守书中的某条规则，你就得每次付给他（她）一角硬币或者一美元。

h. 每周总结你所取得的进步。问问自己，你犯了哪些错误，哪些地方可以改进，以及你得到了哪些教训。

i. 在书后做笔记，记录下你在何时、怎样实践了这些人际交往的诀窍。

第一部分

人际交往的基本技巧

1.“如果你想采蜜，不要踢翻蜂巢”

纽约城有史以来最激动人心的追捕逃犯事件在1931年5月7日达到了高潮。经过几个星期的搜查之后，绰号“双枪”的罪犯克罗利——一个烟酒不沾的杀手——终于在西端大街他情妇的公寓里落网了。

一百五十名警察和侦探包围了克罗利隐蔽的顶楼。他们把屋顶凿开小洞，试图用催泪瓦斯把这个“警察杀手”熏出来。然后他们在周围的建筑物里架起了机关枪。此后一个多小时中，纽约市这个美丽的居民区枪声不断，混合着手枪开火的声音和机关枪“嗒—嗒—嗒—”的响声。克罗利蜷缩在厚垫软椅的后面，不停地朝警察开枪。上万名兴奋的市民在街道两旁目睹了这一幕。这是纽约市前所未有过的场面。

克罗利被抓获后，警察局局长E.P.马鲁尼宣称这个“双枪”克罗利是个亡命之徒，是纽约历史上最危险的罪犯之一。这位局长说：“他嗜杀成性，哪怕一根羽毛掉在地上，他都会杀人。”

但是“双枪”克罗利如何评价他自己呢？答案可以在一封信里找到。当警察向他的公寓开火时，他正在给“相关人士”写信，伤口流出的鲜血在信纸上留下深红的印记。在信上，克罗利这样写道：“在我的外衣下面是一颗疲倦却善良的心——它不会伤害任何人。”

就在此前不久，克罗利和女友在长岛的一条乡村公路上接吻。突然，一名警察走向他们的汽车并要求：“让我看看你的驾照。”

克罗利一言不发，拔出手枪一阵猛射。气息奄奄的警官倒下了。克罗利跳下汽车，抢走了警官的左轮手枪，朝地上的尸体又射出了一颗子弹。这样一个杀人犯，却自认为有着一颗“疲惫”、“善良”、“不会伤害任何人”的心。

克罗利被判决在电椅上结束生命。当他走进纽约州新新监狱的行刑室时，他说的是“我杀了人所以罪有应得”吗？不，他说：“这是我捍卫自己的代价。”

这个故事的关键是，“双枪”克罗利连一句自责的话都没有。在罪犯中，这只是一个特殊的例子吧？如果你是这么认为的，请听听下面的故事。

“我把生命中最美好的岁月都致力于为人们带来快乐，帮助他们度过愉快的时光，而我所得到的全部东西却是虐待，我成了被猎取的对象。”

这番话出自阿尔·卡彭之口。是的，他就是美国臭名昭著的人民公敌——这个最险恶的团伙头目在芝加哥被枪决了。卡彭没有谴责过自己。事实上，他把自己看做是公众的恩人—— 一个不被欣赏、总被误解的捐助者。

达奇·舒尔茨也是一样，他在尼维克吃了另一歹徒的枪子而垮台。这个被称为纽约最声名狼藉的“老鼠”之一的达奇·舒尔茨，在接受报纸访问时居然大言不惭地说自己是一个公众慈善家。而且，他真的这么认为。

我曾经和刘易斯·劳斯就这个问题通过几次信，非常有趣。劳斯在前面提到的纽约州大名鼎鼎的关押重罪犯人的新新监狱当了多年的监狱长。他认为：

“新新监狱里没有几个犯人把自己当成坏蛋。他们和你我一样都是人，所以，他们会为自己的行为进行合理化的辩解。他们会告诉你为什么他们不得不撬开保险柜或扣动扳机。不管是否合乎逻辑、合乎情理或者事出有因，大部分人都力图证明他们反社会的行为是为了捍卫自己。其结果是，他们固执地相信自己根本不应该被关进监狱。”

如果连阿尔·卡彭、“双枪”克罗利、达奇·舒尔茨和那些身陷监狱高墙中的亡命之徒，都不为自己的罪行自责的话，我们还能指望平常接触的普通人自觉地承认错误吗？

约翰·沃纳梅克以自己的名字创建了连锁商场，他曾坦言："责备别人是愚蠢的，早在三十年前我就明白这个道理了。上帝并没有合理地分配每个人的天赋，但是我不会为此自寻烦恼，因为我需要解决的问题和突破的限制已经够多了。"

沃纳梅克醒悟得很早，而我在三十多年的时间里不断地犯错、碰壁，此后才渐渐懂得了一个事实：不管错误有多严重，一百个人里有九十九个不会检讨自己的行为。

批评是起不到什么效果的，因为它通常把对方推到了自卫和极力辩白的境地。批评是危险的，因为它会伤害别人的自尊，破坏他对自身价值的判断，甚至招致怨恨。

世界著名心理学家 B.F. 斯金纳通过实验发现，那些因为表现好而得到奖励的动物比那些表现差而挨罚的，学习的速度更快，并能将学会的技能更有效地保持下去。近期的研究表明，这个结论也适用于人类。批评也许会起一时的作用，却无法长久地改变别人，还常常引起他们的不满。

另一位杰出的心理学家汉斯·塞尔耶也说："我们惧怕批评，就像我们渴望赞扬一样。"

批评所造成的怨恨会使雇员们士气受挫，让家庭成员和朋友们情绪低落，而且，它仍然无法使事情有一点转机。

俄克拉荷马州伊尼德的乔治·B. 约翰逊是一家工程公司的安全协调员，他的一项工作职责就是监督工地上干活的工人戴安全帽。他说，他只要一发现有人没戴安全帽，就会走过去用不容争辩的语气命令他们遵守规定。其结果常常是工人们闷闷不乐地戴上帽子，只等他看不见了，就马上摘掉。

他决定尝试另一种方式。下一次他看见有工人没戴安全帽时，他会询问是不是安全帽戴着不舒服或是不合适。然后，他用令人愉快的语调提醒对方，安全帽是为保护他们免受伤害而设计的，并暗示戴安全帽是工作的需要。于是，遵章守纪的人增多了，也没有人抱怨或者闹情绪了。

翻开历史厚厚的篇章，你会发现由批评而结怨的例子有上千个。比如说，西奥多·罗斯福和塔夫脱总统之间反目成仇的那次著名的争论——这次争论导致共和党的分裂，将伍德罗·威尔逊送进了白宫，由此改变了历史的进程，并在第一次世界大战中留下了浓墨重彩的一笔。让我们迅速回顾一下这个事件。西奥多·罗斯福1908年离开白宫时，他是支持塔夫脱当选下一任总统的。随后，西奥多·罗斯福动身去非洲打猎，等他返回时，却大发雷霆。他公开抨击塔夫脱的保守，并试图将自己总统的任期延长到第3届，组建进步党。这些举措几乎使共和党土崩瓦解。在接下来的选举中，威廉·霍华德·塔夫脱和共和党只获得了两个州的胜利——佛蒙特州和犹他州。这是共和党最惨重的一次失败。

西奥多·罗斯福抨击塔夫脱，但是塔夫托总统自责了吗？当然没有。他眼含泪水地说："我已经竭尽全力了。我看不出我做错了什么。"

罗斯福和塔夫脱两人谁对谁错？坦白地说，我不知道，也不感兴趣。关键是我想证明西奥多·罗斯福的批评并没有使塔夫脱认识到他的错误。相反，塔夫脱拼命为自己开脱，甚至含泪重申："我看不出我做错了什么。"

再来看看提波特多姆石油丑闻。20世纪20年代，这件事震惊了全美国！报纸愤慨地抓住此事大做文章。在老一辈人的记忆里，美国此前从没发生过这样的事。这个丑闻的真相是这样的。艾伯特·弗尔是美国第29届总统哈丁内阁中的内政部长。他接受政府的委托，处理埃尔科山和提波特多姆的石油储备租赁权的问题——这些石油储备是为保证海军未来之需而特意保留的。弗尔授意公开竞标了么？不。他把这个肥得流油的合同痛快地交给了他的朋友爱德华·杜海尼。那么杜海尼做了什么呢？他美其名曰"借"给了弗尔十万美元。然后，弗尔不容分说地命令美国舰队进入该区域，赶走了靠近埃尔科山采油的其他竞争者。这些竞争者在枪支和刺刀的威胁下被赶出油田，他们只好冲进法院——由此揭开了这桩石油丑闻的内幕。丑恶交易是如此的卑鄙无耻，遭到了全国上下一致的唾弃，以至于哈丁政权应声垮台，共和党遭受了重创，艾伯特·弗尔也被送进了牢房。

弗尔被世人痛斥——没有几个人像他这样受到诟病。他悔悟了吗？从来没有。多年以后，赫伯特·胡佛在一次公共讲演中把哈丁总统的死因归结为心理焦虑，因为一个朋友背叛了他。当弗尔夫人听到这一说法时，她猛地从椅子上跳下来，挥拳哭喊道："什么？弗尔背叛了哈丁？不！我的丈夫从来没有背叛过任何人。即使整幢屋子里都装满了黄金，也休想让我的丈夫犯错。他才是遭到背叛的人，这才是他惨死并落得骂名的原因。"

看！这就是人的本性，做错了事却只会责怪别人，不想想自己。所以，在我们明天批评某人之前，先想想阿尔·卡彭、"双枪"克罗利和艾伯特·弗尔这些人。让我们记住：批评就像家养的鸽子，它们总会回到家里来。我们要明白，我们纠正和指责的人很可能会为自己辩白，并回敬我们同样的指责。或者，像塔夫脱先生那样说："我看不出我做错了什么。"

1865 年 4 月 15 日早晨，在福特剧院正对面的廉租房里，亚伯拉罕·林肯躺在卧室中已经奄奄一息了。他在福特剧院遭到了约翰·布斯的刺杀。此刻，他高高的身躯只能顺着床的对角线方向才能伸展开，这张松垂的床对他来说太小了。床头的墙上挂着一幅罗莎·邦荷尔的名画《马市》的廉价复制品。一盏煤气灯发出昏沉沉的黄光。

面对此情此景，战争部长斯坦顿说："这里躺着人类有史以来最完美的领导人。"

林肯成功地进行人际交往的秘密是什么？我研究林肯的生平有十年的时间，其中的三年用来撰写和修改一本名为《林肯不为人知的另一面》的书。我相信，我已竭尽所能地对林肯的个性和家庭生活做了详细而彻底的研究，尤其是对他处理人际关系的方式进行了深入地探究。林肯喜欢批评人么？哦，是的。他年轻时住在印第安纳州的皮金克里克山谷，在那儿他不仅批评别人，而且还写信、作诗来讽刺别人，并把这些信散落在乡村小路旁，以确保人们能发现。其中一封信激起的怨恨之火差点儿毁掉了他的一生。

当林肯在伊利诺伊州的斯普林菲尔德当见习律师时，他在报纸上公开写信抨击对手。不过，有一次他做得比以往过分了。

1842 年秋天，林肯嘲笑一个政客詹姆斯 · 希尔德斯自负好斗。这次他写了封匿名信，在斯普林菲尔德杂志上发表后，镇上一片哗然。敏感骄傲的希尔德斯自然被气炸了。他查出信的作者之后，立刻跃马追赶林肯，向他提出要决一死战。林肯并不想动武，他一向反对决斗，但是为了捍卫荣誉他不得不接受了挑战。决斗当天，他和希尔德斯在密西西比河的一块沙洲上见面，准备一决生死。不过，在最后关头，这场决斗被及时阻止了。

在林肯的一生中，这次经历成了最可怕的事件，给他上了最重要的一堂课，教会他如何艺术地处理人际关系。此后，他再也不写羞辱别人的信了，他也不再取笑别人了。而且从那时起，林肯几乎没有为任何事情而批评过任何人。

时光荏苒。到了美国国内战争时期，林肯任命了一位新将军去统帅波拖马可河驻军，可是无论他换上谁——麦克莱伦、蒲柏、伯恩塞德、胡克、米德——结果都是悲惨的失利，令林肯陷入了绝境。有一半的国民毫不留情地责怪这些将军的无能，但是林肯“谁也不怨恨，照样宽容待人”，心态平和。他最喜欢的一句名言就是：“你对别人不说三道四，别人就不会对你妄加评论。”

当林肯夫人和周围其他人严厉地谴责南方叛乱分子时，林肯回答：“不要指责他们，如果换了是我们处在他们的位置，我们也会叛乱的。”和其他人一样，林肯自然也有不少批评别人的机会。让我们看看下面这个例子。1863 年 7 月的前三天，盖茨堡战役打响了。7 月 4 日晚上，李将军开始向南方溃退，此时乌云密布，暴雨狂泻。当李将军和残部到达波拖马可河时，他看到暴雨引发洪水泛滥，面前这条河已经无法通过。前有水挡，后有追兵，李将军成了瓮中之鳖，无法逃脱。林肯得悉这一情况，知道遇到了一个天赐良机—— 一个抓获李将军、迅速结束战争的好机会。林肯激情澎湃地命令米德将军不要召开军事会议，只要立即攻打李将军就行了。林肯电传了他的命令，还不放心，又专门派信使告诉米德将军要行动迅速。

然而米德将军是怎么做的呢？恰恰相反，他违背了林肯的命令，召集了一个军事会议，他犹豫不决，贻误时机，还发电报为自己的上述行为找理由。他拒绝正面进攻李将军。最终，洪水退去，李将军带着他的部队渡过波拖马可河逃走了。

林肯狂怒。“这意味着什么？”他朝儿子罗伯特喊道，“上帝呀！这意味着什么？我们已经把他们置于股掌之中，胜利唾手可得。然而，我的命令、我的行动却不能使军队前进一步。在这种情况下，任何一个将军几乎都能打败李将军。如果换了是我在那儿，我会亲自抓获他。”

林肯失望极了，他坐下给米德将军写信。请记住，如今的林肯已经不同以往，写信的措词总是极其保守和克制。所以，这封写于1863年的信可以算得上是他最严厉的一次批评了。

我亲爱的将军：

我相信，你一定不希望看到李将军能得以逃脱，这对我们来说是多么不幸的事呀。他曾在我们的股掌之中，如果抓住他，再加上我们最近所取得的胜利，战争将得以结束。而现在，战争还不知道要持续多久呢。如果你不能在上周一击败李将军的话，你怎么可能在河的南岸凯旋而归呢？我已经没有理由指望你再有什么作为了。这个对你来说千载难逢的机会稍纵即逝，我为此深表遗憾。

想象一下，米德将军接到这封信后会有什么反应？实际上，米德将军从没有看过这封信。林肯根本没有把它寄出去。这封信是林肯死后在他的文件堆里找到的。

我推测——这仅仅是我的推测——林肯写完了这封信后，望向窗外，自言自语说 :“等一下。也许我不应该这么草率。对我来说，坐在安静的白宫对米德发号施令是十分容易的。但是，如果上周我在盖茨堡，像米德将军一样亲眼目睹周围血流成河，听到伤者和垂死的士兵的哀号，可能我也不愿意这么急切地再次发起攻击。如果我的个性像米德一样胆小谨慎,或许我会采取相同的行动。无论如何,事已至此。如果我把信寄出去，也许心里会好受些，但是它会让米德试图证明自己的正确，会使他怨恨我。这对他以后成为一个优秀的统帅没有一点帮助，反而会引起他强烈的反感，甚至会逼他辞职。”

于是，像我说的那样，林肯把信放在一旁，因为他已经从痛苦的经历中懂得了尖锐的批评和责备往往是徒劳的。

西奥多 · 罗斯福曾说，当他遇到棘手的问题时，他常常向椅背一靠，抬头看看林肯的大幅画像，这幅像就挂在白宫总统办公桌的上方。他会扪心自问 :“如果林肯处在我的位置，他会做什么？他会怎样解决问题呢？”

下一次，当你想发脾气训斥别人时，先从口袋里摸出一张五美元的钞票，看看上面印着的林肯的头像，问一句 :“如果林肯遇到这种问题，他会怎么解决？”

马克 · 吐温偶尔会发脾气，还写信泄愤。比如，有一次他写信给一个惹他生气的人 :“这件事就是你的死亡通行证。你就尽情地说吧，我会看到你得到应有的惩罚。”还有一次，他致信编辑，批评校对人员想“改动我的拼写和标点”。他命令道 :“让那个校对把建议留在他自己腐朽的脑瓜里吧，今后要以我的复印件为准。”

写完这些措辞激烈的信，马克 · 吐温觉得好多了。但是他的信并没有给别人造成伤害，因为马克的太太悄悄地把它们从邮件中抽走了。这些信从来没有被寄出。

在你认识的人中，是不是有些人你想去改变、控制和改善呢？好！非常好。我也愿意这么做。但是为什么不先从你自己开始呢？即使纯粹从自私的立场出发，这样做也比你企图改善别人要有益得多——是的，也安全得多。孔子就说过："见贤思齐焉，见不贤而内自省也。"

我年轻时，总是努力想给人们留下深刻的印象。我给理查德·哈丁·戴维斯写过一封愚蠢的信，他是美国文坛闪耀一时的权威作家。当时，我正在为杂志写一篇关于作家的文章，希望从戴维斯那儿了解到他工作的方式。在那几周前，我曾经收到过一封信，结尾写着："此乃口述记录，未经本人审读。"这让我印象颇深。我感觉写信的人一定是个大忙人，而且地位重要。我非常渴望能给理查德·哈丁·戴维斯留下好印象，所以我这个不怎么忙的人也在短笺的末尾写下了同样的话："此乃口述记录，未经本人审读。"

戴维斯根本没有费心给我回信。他干脆把信退给我，只在底下潦草地写了一行字："你的坏习惯无人能够企及，除了你自己。"的确，我做得不对，也许这是我咎由自取，但是，作为一个有尊严的人，我憎恨他对我的指责。这种憎恨非常强烈，以至于十年后当我得知理查德·哈丁·戴维斯的死讯时，我的脑海里只有一个念头——尽管我羞于承认——他曾经给过我心灵的伤害。

如果你明天打算让某人怨恨你，并将这种怨气保持数十年直到死亡，办法很简单，只需要在批评他时尖刻一点儿就行了——无论我们的理由有多么正当。

在处理人际关系时，要记住，我们所要应付的人并不总是理性的。恰恰相反，他们常常是带着傲慢、偏见和虚荣的情绪化的动物。

挖苦和指责让英国最优秀的小说家托马斯·哈代永远放弃了文学写作。批评也曾扼杀了英国诗人托马斯·查特顿的生命。

本杰明·富兰克林年轻时并不老练，后来却成为美国驻法国大使，而且处事圆滑，善于和人交往。他成功的秘密是什么？富兰克林的回答是："我从不议论别人的毛病，我只谈我所发现的每个人的优点。"

英国作家卡莱尔说过："一个伟人的伟大之处就在于他对待小人物的方式。"

鲍勃·胡佛是个著名的试飞员，常在航空展会上表演。一次他在圣地亚哥结束了飞行表演后返航洛杉矶。途中，意外发生了。根据《飞行操作》杂志的报道，在三百英尺的高空，仅有的两个引擎突然停止了运转。凭着敏捷熟练的技巧，胡佛设法驾驶飞机着陆。虽然没人受伤，但是飞机损毁严重。

紧急迫降之后，胡佛首先检查了飞机的燃料。正如他怀疑的那样，他驾驶的这架二战螺旋桨飞机被灌上了喷气机的燃料，而不是汽油。

回到机场后，胡佛要求见一见负责维护保养他那架飞机的机修工。那个年轻人正为自己的错误痛苦不已，一见胡佛就痛哭流涕。他不仅报废了一架非常昂贵的飞机，而且让三个人险些丧命。

你能够想象出胡佛有多么愤怒。人们都以为这个骄傲、严格的飞行员一定会痛斥机修工的粗心大意，但是胡佛并没有训斥机修工，甚至没有责怪他。相反，他用手臂搂住机修工的肩膀，说："我确信你再也不会重蹈覆辙了，为了证明这一点，我想让你明天检修我的F-51飞机。"即使是傻瓜也会批评、指责和抱怨，而只有品格和自制力才能让我们理解他人、宽恕他人。

通常，父母们总是试图教训孩子。你可能以为我会说："别这样。"可我不会。我只是想说："在你批评孩子之前，读读美国报刊上的一篇经典之作《爸爸忘记了》。"《爸爸忘记了》属于这样一类短文——能在一瞬间触动你的真情实感，在如此众多的读者中引起了共鸣，因而成了人们最喜爱并不断重印的文章。作者W.利文斯敦·拉奈德写道："《爸爸忘记了》在全美国上百家杂志、报纸上被转载。它还被翻译成多种语言。我个人就曾无数次授权允许人们在学校、教堂或者演讲台上朗读这篇文章。在数不清的节目和场合，它都在传播。更奇怪的是，大学和高效的期刊也刊登它。有时一篇小文章能神奇地获得成功，就像我的这篇文章。"

经过作者的允许，我们把《读者文摘》精简过的版本重新刊印在这里。

爸爸忘记了

W. 利文斯敦 · 拉奈德

儿子，听我说。在你睡着的时候，一只小手压在脸蛋儿下面，金色的鬈发湿漉漉地贴着你的额头。我一个人悄悄溜进你的房间。就在几分钟前，当我在书房审阅那些文件时，我的心里突然涌起了一阵懊悔，几乎压得我喘不过气。于是，我带着负罪感来到你的床前。

儿子，我想起了很多事。我对你发过脾气。在你上学穿衣服时，我责骂了你，因为你光用毛巾抹了一把脸。我给你分派任务让你清洗自己的鞋子。当你把什么东西扔到地上时，我曾愤怒地朝你叫喊。

早餐时，我也在不住地挑你的毛病：你弄洒了喝的东西；你吃饭狼吞虎咽；你把胳膊肘儿放在桌子上了；你在面包上涂的黄油太厚了。当你出去玩耍时，我正准备赶火车。你返身挥着手对我喊："再见，爸爸！"我却皱着眉头回答说："肩膀放平！"

今天下午我又开始生气了。我在路旁看见你正跪在地上玩弹球，而你的长袜被磨破了几个小洞。我当着你朋友的面给你难堪，把你赶回家。长袜很贵的——如果让你自己买的话，你才会仔细点儿！想想吧，儿子，一个父亲竟会说出这种话！

你记得吗，就在刚才，当我在书房时，你轻手轻脚地走进来，眼睛里有种受伤的神情。我正忙着浏览文件，对你的到来很不耐烦。你在门口犹豫着。"你要干什么？"我的嘴里蹦出这么一句。

你什么都没说，却跑过来投入我的怀抱，搂着我的脖子亲了一下。你小小的臂膀紧紧地抱着我，充满了上帝赋予你心中的盛开的爱，这份爱即便遭到了我的忽视也无法使它凋谢。随后你就出去了，轻快地上了楼。

啊，儿子，就在你走了之后，文件从我的手中滑落，一种可怕的恐惧感袭向我，差点让我昏厥。愿意挑人毛病和批评人的坏习惯让我都做了些什么？这就是我对你这样一个小男孩的“奖赏”？并不是我不爱你，是我望子成龙心切。我在用自己的年龄要求的标准来要求你。

在你的性格里，有太多优秀、美好、真实的闪光点。你小小的胸襟像远山的黎明一样开阔。我看得出你是发自内心地跑进来和我吻别道晚安的。于是，今晚的其他事情都不再重要，儿子。黑暗中，我来到你的床边，我跪在那里，羞愧得无地自容。

这是无力的赎罪。如果我在你清醒的时候对你说上面这些话，我想你不会明白的。但是明天，我会当一个真正的爸爸！我会成为你亲密的朋友，与你同喜同悲。当不耐烦的话就要脱口而出时，我会咬住我的舌头。我会郑重地不断提醒自己：“他只是个男孩——一个小男孩而已！”

以前，我恐怕一直把你当成男子汉了。然而，当我看见现在的你，儿子，正疲倦地蜷缩在小床上，我终于明白你还是个小宝宝。昨天，你还在妈妈的怀抱里，把头靠在她的肩膀上。我要求得太多了，太多了！

不要谴责别人，让我们试着去理解他们，找找他们为什么那么做的原因。这比批评更有好处，更有效果，同时，也激发了我们同情、忍耐和善良的美德。“了解一切意味着宽恕一切。”就像约翰逊博士所言：“在人的生命结束之前，上帝是不会对他妄下断语的。”更何况你我呢？

规则1：不要批评、谴责或者抱怨。

2.与人交往的最大秘密

如果你想让别人帮你做任何事，天底下只有一种办法能达到目的。你是否停下来思考过这个问题？是的，只有一种办法。而且，这是让别人自愿去做的办法。

当然，如果你用手枪顶住别人的肋骨，他会情愿交出手表。你可以用解雇来威胁员工，让他们配合——可一旦你不在，这招就失灵了。你可以用鞭子恐吓孩子，让他乖乖地听你的话。但是这些粗暴的办法显然令人极其厌恶。

我能让你做任何事的唯一方法是把你想要的东西给你。

什么是你想要的？

弗洛伊德认为，我们做每一件事的动机都源自两方面：性的冲动和想成为大人物的愿望。

作为美国学识最渊博的哲学家之一，约翰·杜威的说法略有不同。杜威博士说，人性中最内在的冲动是“受重视的愿望”。这很重要。在本书中，你将会看到很多相关的内容。

什么是你想要的？不用多，但一定是你内心极其渴望的东西，是你百折不挠坚持追求的东西。下面这些是大多数人想要的东西，包括：

1. 健康长寿的生命。
2. 食品。
3. 睡眠。
4. 金钱和金钱能买来的东西。
5. 未来。
6. 性满足。

7. 子女的幸福。

8. 被重视的感觉。

几乎所有这些需要都能得到满足，除了一条。而这种渴望像对食物和睡眠的需求一样迫切，一样强烈，却很少被满足。这就是弗洛伊德所说的“想成为大人物的愿望”，也是杜威所称的“受重视的愿望”。

威廉·詹姆士说：“人类天性中最深刻的动机是渴望被赏识。”请你注意，他没有使用“希望”、“期望”或者“盼望”的字眼，而是强调了“渴望”被赏识。

让人们不断苦恼的是这种需要始终处于饥渴的状态。只有少数人能真诚地满足别人的心理饥渴，从而把别人置于掌控之中，还能“让人对他心存感激”。

渴望被重视的感觉是人类和动物的最显著的区别之一。下面举个例子。我在密苏里州的农场帮忙时，我父亲饲养了美国杜洛克大红猪，还有血统纯正的前额有白斑的牛。我们常常带着猪和牛到中西部举办的家畜展览会或集市上去展出。我们赢得头奖，父亲就把得到的蓝色缎带别在一片白棉布上。每逢有朋友或者客人来访，他会取出长长的白布单，自己握住一头，让我拿住另一头，给人们展示他拥有的蓝色缎带。

猪并不关心它们赢得的蓝色缎带，但是我的父亲很在意。获奖给了他被别人重视的感觉。

如果我们的祖先没有这种受人重视的强烈欲望，文明将不可能存在。没有它，我们现在恐怕还和其他动物一样。

正是这种对受重视感觉的渴望，促使一个没受过教育、极其贫困的杂货店伙计开始研究法律书籍，那些书是他在一个装满杂物的木桶底下找到并花了五十美分买下的。你可能听说过这个伙计的故事，他的名字叫林肯。

正是这种对受重视感觉的渴望，激励狄更斯写出了不朽的小说；

正是这种渴望，激励克里斯多佛·瑞恩爵士设计出他的交响乐建筑；正是这种渴望，让洛克菲勒聚敛了他永远也花不完的巨额财富。

这种渴望让你希望穿上最时髦的服装，开着最新款的轿车，夸耀你聪明的孩子。也正是这种渴望，诱惑许多少男少女参加了帮派从事犯罪行为。据曾任纽约警察局局长的E.P.马鲁尼介绍，年轻的罪犯一般都自以为是，被逮捕以后，他最希望报纸能耸人听闻，把他当成英雄一般大书特书。只要能和自己喜欢的体育明星、影视明星和政界要人分享报纸的版面，即使蹲牢房，他也心满意足。

如果你告诉我你是如何被别人重视的，我就能识别出你的人品。比方说，约翰·D.洛克菲勒得到被人重视的感觉是在中国北京捐资建医院，为那些从未谋面的上百万人们造福。而另一方面，迪林格用成为强盗、银行劫匪和杀人犯的方式引起人们的重视。当美国联邦调查局追捕他时，他冲进明尼苏达州的一家农舍说："我是迪林格！"他为自己是一个妇孺皆知的人民公敌而自豪。"我不会伤害你，但要记住我是迪林格。"他说。

是的，洛克菲勒和迪林格的最大区别在于他们获得重视感的方式不同。

有趣的是，历史上很多名人都为了自己能被人重视而努力奋斗。乔治·华盛顿愿意被人称为"美国总统阁下"；哥伦布恳求被赐予"海军上将和印度总督"的称号；叶卡捷琳娜二世拒绝开启信封上没有"尊敬的女皇陛下"字样的信；还有在白宫的林肯夫人，像母老虎一样冲格兰特夫人喊道："你怎么敢不请自来？"

1928年，百万富翁们给海军上将伯德的南极探险之旅提供资助，因为在这个过程中发现的冰山将以他们的名字命名。维克多·雨果最渴望的荣誉是把巴黎改称为雨果市。甚至最权威的莎士比亚也试图获得一枚盾形纹章为他的家族增光。

为了博取同情和注意，人们有时候会以生病等方式来获得被重视的感觉。麦金利夫人就是个例子。为了受到重视，她逼着丈夫——

一位美国总统——放下重要的工作花几小时的时间在床边陪伴她入睡。修补牙齿时，她也坚持要丈夫留下。有一次总统因为和国务卿约翰·海会面而不得不离开，她还大闹一场。

作家玛丽·罗伯茨·瑞恩哈特曾经告诉我一个聪明健康的年轻女士为了获得重视而变成病人的事。"一天，"瑞恩哈特夫人说，"这个女人忽然发现，随着年龄的增长，孤独的岁月伸展在眼前，而对她来说，生活中没有什么值得赞赏。她病倒在床上。此后几周，她日渐憔悴。"

有些权威宣称精神病患者得病的真正原因，是为了在精神错乱的梦境中寻找在残酷的现实世界中得不到的那种被重视的感觉。在美国，由于心理疾病而备受折磨的患者人数比其他所有的病种人数加起来还多。

精神错乱的原因是什么？

没人能回答这么宽泛的问题，但是我们知道某些疾病，比如梅毒，会破坏脑细胞造成精神错乱。事实上，大约有一半的心理疾病是由生理因素引起的，像脑部损伤、酒精中毒和外伤。但是另一半精神病患者——令人震惊的是——他们的脑细胞没有明显的病变。经过解剖，在高倍显微镜下研究这些人的大脑组织，人们发现这些组织显然和你我的一样健康。

为什么这些人会精神错乱呢？

我就此向一家最权威的精神病医院的首席医师请教。在这一领域获得过最高荣誉的权威医师对我坦言，他并不清楚为什么人会发疯。没人知道确切的答案。但是他说，许多精神错乱的人在错乱的世界里找到了他们无法在现实世界里获得的受人重视的感觉。随后，他告诉我一个故事：

我有一个病人，她的婚姻是一场悲剧。她想得到爱、性的满足、孩子和社会声望，但是生活摧毁了她的全部希望。她的丈夫不爱她，他甚至拒绝和她一起吃饭，还逼她把食物送到楼上他的房间去。她没有孩子，没有社会地位。她精神错乱了。在她的想象中，她和丈夫离了婚，恢复了婚前的名字。她现在相信她和一个英国贵族结了婚，还坚持让人们叫她史密斯女士。

至于孩子，她想象她每天晚上生一个孩子。每次我叫醒她，她都会说："医生，我昨晚生了一个小宝宝。"

生活一度用现实这块尖利的岩石击碎了她所有的梦想之舟，但是在精神错乱的世界，在明媚的、幻想的小岛上，海风歌唱着掠过桅杆，吹起风帆，她的梦想之舟正在驶向幸福的港湾。

悲惨吗？哦，我不知道。她的医生告诉我："如果我能帮助她恢复正常，我也不会那么做。她比以前快乐得多。"假使有的人因为极度缺乏被人重视的感觉而发疯的话，那么想象一下，当我们真诚地赞美他人时，会创造怎样的奇迹。

美国商界第一个年薪过百万的人是查尔斯·施瓦布。要知道当时没有所得税，如果一个人每周挣五十美元就算得上富裕了。1921年，他被安德鲁·卡耐基选中成为新成立的美国钢铁公司第一任总裁，那时施瓦布年仅三十八岁。后来，施瓦布离开了美国钢铁公司，接手了陷入困境的伯利恒钢铁公司并把它改造成全美国最赚钱的公司。

为什么安德鲁·卡耐基愿意付给查尔斯·施瓦布每年一百万美元，或者说每天三千美元呢？因为施瓦布是个天才？不。因为他比其他人更懂得钢铁制造？也不是。施瓦布本人告诉我，他的很多员工比他知道更多关于钢铁制造的知识。

施瓦布说他之所以有这样的高薪，是因为他和人相处的能力。我问他是怎么做到的。下面就是他亲口说出的秘密。这些话应该被浇铸成永存的青铜文字，悬挂在地球上的每一个家庭、学校，每一个店铺和办公室。这些话孩子们应该铭记在心，这比花时间记住拉丁文动词的结合或是巴西每年的降水次数有意义得多。这些话会改变你我的生活，如果我们严格地遵循它、实践它。

我认为我有可以激发周围人们热情的能力，我拥有的最宝贵的财富和促使别人发挥最佳能力的法宝就是赞赏和鼓励。

没有什么比来自上级的批评更能扼杀一个人的雄心壮志，我从不批评人。我相信要给予别人工作的动力，所以我渴望给人赞美而不愿去挑错。如果我喜欢什么，那就是我热衷于赞扬并慷慨地送上我的嘉许。

这就是施瓦布所做的事。但是，一般人做了些什么呢？刚好相反。如果他们不喜欢一件事，他们会痛骂下属；如果他们确实喜欢，他们什么也不说。正如一幅古老的对联所言："好事不出门，坏事传千里。"

"在我广泛的社交生活中，我遇到过世界各地许多杰出的人物。"施瓦布说，"我发现无论他们多伟大或者地位多尊贵，得到认可比遭到批评时的精神状态更能激发他们的工作效率。"

他坦白地承认，这也是安德鲁·卡耐基获得巨大成功的原因之一。无论在公开还是私下的场合，卡耐基都表扬他的同事们。

卡耐基甚至在他的墓碑上表达对同事的赞美。他为自己写的墓志铭是这样的："这里躺着一个人，他懂得如何去团结周围那些比他更聪明的人。"

真诚的赞美是约翰·D. 洛克菲勒成功处理人际关系的秘密武器。例如，当他的一个合作伙伴爱德华·贝德福德在南美的一笔生意失败，损失了公司一百万美元时，洛克菲勒本可加以指责，但是他知道贝德福德已经尽了最大的努力，而且事情已经过去了。于是洛克菲勒转而去寻找贝德福德能被称赞的事。他祝贺贝德福德节省了60%的投资。"太棒了，"洛克菲勒说，"我们不能高高在上，要有所创新。"在我剪辑的素材中，有个故事我知道是虚构的，在这个故事中，一个农妇结束了一整天繁重的工作后，把一大堆干草放在男人们的面前。他们愤怒地问她是不是疯了，她回答："我怎么知道你们注意到了？在这二十年里我一直为你们做饭，可我从来没有听谁说过一句话，告诉我你们吃的不是干草呀。"

几年前，对离家出走的妇女进行过一项研究，你猜她们离开的主要原因是什么？那就是"缺乏赞赏"。我敢打赌如果针对离家的男人们做类似的研究，会得出相同的结论。我们常常认为丈夫或妻子的付出理所应当，因而从不让对方知道我们是多么欣赏他（她）。

我班上的一个学员讲了他如何应对妻子请求的事。妻子和其他一些妇女参加了教堂举办的自我提升训练，她请丈夫帮忙列出需要改进的六件事，以便让她成为更好的妻子。他在课堂上汇报时说：

对这样一个请求我很吃惊。坦白地说，我很容易就可以找到我希望她改掉的六个毛病——我的上帝，她对我能够列出上千条——但是，我没有这么做。我告诉她："让我想想，明天上午回答你。"

第二天早上我起床很早，给花店打电话让他们给我妻子送六朵红玫瑰，并附上一个便签："我想不出我希望你改进的六件事。我爱的就是这样的你。"

当晚我到家时，你想谁会在门口迎接我？当然，是我的妻子！她几乎热泪盈眶。不用说，我非常高兴我没有为满足她的要求而去批评她。星期天去教堂时，她汇报了她得到的结果之后，几个和她一同训练的女人走向我说："这是我们听到的最贴心周到的回答。"就在那时，我意识到赞美的力量是如此巨大。

弗罗瑞兹·齐格勒是百老汇最出色的制片人，以擅长"打造美国女孩"的非凡能力而享有盛誉。他一次又一次起用相貌平平，没人愿意多看一眼的小角色，把她们变成舞台上充满神秘和诱惑的迷人形象。他深知赞赏和自信的能量，他勇敢地提拔新人，支付很高的酬劳，让女孩们相信自己的确美丽。他很实际，他把合唱队女孩的薪水从每周三十美元提高到一百七十五美元。他也很有风度，在剧目首演的晚上，他会给演员明星发电报，并且给演出的每一位合唱团女孩都送上“美国美人”红蔷薇。

我曾一度赶时髦，禁食了六天六夜。这并不困难。在第六天结束的时候，我已经不像第二天那样饥饿难耐了。众所周知，如果让家人或者雇员六天不吃饭，就是在犯罪。但是我们六天、六周，有时六年都不给予周围的人发自内心的赞美，要知道他们渴望赞美的欲望就像渴望食物一样强烈。

一个伟大的演员阿尔弗雷德·兰特曾在《在维也纳团圆》中领衔主演。他说：“除了自尊，我不需要任何营养品。”

我们喂养子女，照顾朋友，养活雇员，但为什么我们很少满足他们的自尊心呢？我们给他们吃烤牛排、土豆以增强体力，但是我们忽视了给予他们赞美的言语。这些言语就像晨星般美妙的音乐，能长久地在我们的记忆中歌唱。

保罗·哈维有一次在广播节目《故事尚未结束》中讲述了真诚的赞美如何改变了一个人的生命。他说，多年前在底特律，有位教师请斯蒂文·莫里斯帮她找一只在教室里不见了的老鼠。“你看，”她赞美说，“在这里没有人能有斯蒂文那样的本能。”这是事实。斯蒂文的眼睛看不见，但是作为补偿，他有一双非凡的耳朵。这确实是斯蒂文第一次听到有人赞美他天才的耳朵。他说这次赞美为他开启了新的人生。从那以后，他发挥天赐的听觉优势，成为20世纪70年代一位伟大的流行音乐歌手和作曲家。

读到这儿，有的读者会立刻说：“嗨！阿谀奉承！溜须拍马！我曾经试过那一套，根本没有用，尤其是对聪明人。”

当然，对于有辨别力的人来说，奉承几乎不会起什么作用。它是浅薄、自私、虚假的代名词，它会被识破，事实也常常如此。不过，的确有些人对赞赏的渴望如此强烈，饥不择食，以至于他们轻信了他们所听到的一切。

就连英国的维多利亚女王也容易被奉承打动。首相本杰明·迪斯雷利承认，他和女王相处时也需要伪装。用他自己的话来说，像“用泥铲涂上一层”。但是，迪斯雷利毕竟是一位最杰出、敏锐、老练的政治家。

他统治了大英帝国很长时间。他是一个天才。奉迎可以为他所用，却不一定适合你我。

从长远看，奉承弊大于利。奉承是冒牌货，就像假币一样，如果你使用它，最终会让自己陷入麻烦之中。

赞赏和奉承的区别是什么？很简单。前者是真诚的，后者是虚伪的；前者由心而发，后者由口而出；前者是无私的，后者是自私的；前者随时得到欢迎，后者处处受到谴责。

最近，我在墨西哥城见到了一尊墨西哥英雄埃尔瓦特·奥伯利根将军的半身像。像的下面刻着奥伯利根将军的处世哲学：“不要害怕攻击你的敌人。要提防谄媚你的朋友。”

不！不！不！我不是在提倡阿谀奉承！我在讨论一种新的生活方式。让我重复一遍，我在讨论一种新的生活方式。

国王乔治五世在白金汉宫他书房的墙上挂着六句座右铭。其中一句座右铭说：“不要教我说出或者接受廉价的表扬。”这就是奉承的全部意思——廉价的表扬。我曾经看过“奉承”的一个定义，有必要引述一下：“奉承就是用好听的话恭维人，把他们恰好说成他们自己认为的那样。”

拉尔夫·沃尔多说过：“无须多言，只要听听你说的话，就能看出你是什么样的人。”

如果我们能做的只有奉承的话，每个人都能领会，那我们大家就都成人际关系的专家了。

当我们无所事事时，通常花 95% 的时间考虑我们自己。现在，让我们暂停一会儿，转而开始思考他人的优点，那么我们不会再借助如此廉价而低劣的奉承来取悦别人，也不会陷入奉承话尚未出口就被看穿的尴尬之中。

日常生活中最容易被忽视的一个美德就是赞赏。不知何故，当我们的子女把好成绩拿回家时，我们忽视了表扬。当孩子们第一次成功地烤出了蛋糕或者建成了一个鸟窝时，我们也没去鼓励。其实，没有什么比父母的鼓励和赞赏更能让孩子们高兴了。

下一次，当你在俱乐部品尝美味的鱼片时，感谢厨师为你做了精心的准备。当一个疲惫的推销员在你面前不同寻常地表示谦恭时，请一定要感谢他。

每一位部长、演讲者、公共发言人都体会过当他们对着听众滔滔不绝却得不到欣赏时那种失望的滋味。相比之下，如果缺少赞赏，在办公室、店铺和工厂工作的员工，我们的家人和朋友会倍感失望。在处理人与人的关系中，我们永远不要忘记我们交往的对象是渴望被赞赏的人。给予赞美是人之常情。

在你每天的人生旅程中，试着让心中感激的星星之火给别人留下一点友好的印象。你会惊奇地发现这些友谊的火种正冉冉升起，成为你日后的旅程中的灯塔。

美国康涅狄格州的帕梅拉·丹哈姆工作的职责里有一项是监督看门人。

看门人的工作很乏味，收入也低，所以其他的员工会嘲笑他，还在走廊里乱丢垃圾暗示他的工作低劣。很糟糕，看门人意志消沉，开始磨洋工。

帕梅拉想了很多办法激发看门人的工作热情，都没有成功。当她注意到他偶尔干得不错时，就当着其他员工的面表扬了他。每天，看门人的工作都会有一点起色，很快他便开始有效率地工作了。现在他工作出色，其他人也愿意肯定与认可他了。真诚的赞赏取得了批评和奚落难以达到的效果。

伤害别人却无法改变他们，这不是我们提倡的。有一个古老的格言，我把它剪下来贴在镜子上，以便让我每天都能看到它：

我的生命之旅只有一次，因此，我要对他人奉献出我所有的善行，展现我所有的仁慈。让我从现在做起，不再拖延，不再忽视，因为我不可能重新来过。

爱默生曾说:“我遇到的每个人在某种意义上都是我的老师。因为，我从他们身上学到了很多东西。”

如果这是爱默生的真实写照，那么对于你我来说它不是更像一个经过上千次检验的真理么？让我们停止思考我们的成就、我们的想法，让我们试着指出他人的优点，然后忘掉奉承，给予对方真诚的赞美，要“衷心地嘉许、慷慨地赞扬”。人们会把你的话像宝贝一样珍藏心中，也许你已经不再记得，但是他们会回味一生。

规则 2：给予对方真诚的赞美。

3. “能做到这一点的人拥有整个世界，做不到的人孤独一生”

在缅因州时，我夏天常去钓鱼。我本人很喜欢吃草莓和奶酪，但是鱼更愿意吃虫子。所以当我去钓鱼时，我想的不是我喜欢吃什么，而是鱼想吃什么。我不会把草莓和奶酪挂上鱼钩，我会在鱼儿们面前晃动虫子和蚱蜢，问它们：“你想吃吗？”

为什么不把钓鱼的经验应用在处理人际关系上呢？

英国首相劳埃德·乔治在第一次世界大战时就是这么做的。有人问他，当其他的战时领导人——威尔逊、奥兰多和克利蒙梭——都被人们淡忘之后，他如何还能身居要职？他回答说，如果一定要找到原因，那就是他懂得，钓鱼一定要准备适合鱼口味的鱼饵。

为什么只讨论我们的需要呢？那不是很幼稚吗？当然，你感兴趣的永远是你自己想要的，但不是其他人的兴趣所在。我们大多数人和你一样：我们感兴趣的是我们的需要。

因此，世上唯一能够影响他人的方法就是谈论他们的需要，并且告诉他们如何达到目的。

明天，在你想让别人做什么事情时，记住这一点。比如说你不想让你的孩子抽烟，不要喋喋不休地说你想如何如何，你只要告诉他们，要是吸烟就可能无法加入篮球队或者在百米赛跑中获胜。

记住这一点会很有用，无论你面对的是孩子、小牛还是大猩猩。举个例子。一天，拉尔夫·沃尔多·爱默生和他的儿子想把一头小牛赶进牲口棚。但是他们犯了个常见的错误，只想到他们的要求。爱默生在后面推，儿子在前面拉。可是小牛和他们一样，只想着自己的需要，所以它两腿绷直，倔犟地不肯离开牧场。一个爱尔兰女仆看到了这父子俩窘迫的样子。虽然她不会著书立说，但是至少比爱默生他们更懂得“牛性”。她知道小牛想要什么，于是把她的手指放在小牛的嘴里让它吮吸着，它便跟着她温顺地进了牲口棚。

自从你出生的那天起，你的一举一动就表明了你想要什么。那怎么解释你向红十字会大笔捐款的举动呢？是的，这毫不例外也是为了你的需要。你向红十字会捐款是因为你想要伸出援助之手，你想做一件漂亮、无私而非凡的事。“你所做的一切就像要张口呼吸一样，是为自己服务的。”

如果你更需要金钱，那你就不会行此善举了。当然，可能你是因为不好意思拒绝或有顾客要求你这么做。但是有一点是确定无疑的，你是为了得到什么才去捐款的。

哈里·A. 欧佛斯瑞特在他的启蒙图书《影响人类的行为》中写道：

行为源自我们的基本需求……不管在商界、家庭、学校，还是在政坛，对于那些想成为说客的人来说，最好的建议就是：首先激发出别人的渴望。能做到这一点的人拥有整个世界，做不到的人孤独一生。

安德鲁·卡耐基，这个刚开始工作时只有每小时两美分收入的苏格兰穷小子，最后捐出了三亿六千五百万美元的善款。他很早就知道影响他人的唯一途径是根据他们的需求行事。他只上过四年学，却懂得如何与人交往。

举个例子。卡耐基的妻妹正在为两个儿子烦恼。他们在耶鲁大学读书，整天忙于自己的事情而忽视了给家里写信，无论他们的母亲怎么频繁去信都无动于衷。

卡耐基拿出一百美元打赌，说他不用提什么要求就能让他们主动回信。有人不信，于是卡耐基给外甥们写了一封家长里短的信，在附言里随便说了一句他为每个人寄去了一张五美元的钞票。

但是，他假装忘了把钞票放进信封里。

回信很快就到了，信中感谢“亲爱的安德鲁叔叔”的好意——你自己也能猜出其中的内容。

另外一个例子是参加我们训练的斯坦·诺瓦克，他来自俄亥俄州的克里夫兰市。一天晚上，斯坦下班回家，一进门就看见最小的儿子提姆躺在起居室的地板上又踢又叫。原来，他不愿意明天去上幼儿园，现在正抗议呢。出于本能的反应，斯坦想把孩子赶回房间，告诉他没有别的选择，最好乖乖听话。但是这个晚上，斯坦意识到这样做并不能帮助提姆愉快地开始幼儿园生活，他坐下来思考：“如果我是提姆，幼儿园里会有什么让人兴奋的事？”他和妻子列了一个单子，写满了提姆喜欢做的有趣的事，像手指画、唱歌、结交新朋友。然后，他们开始在厨房的桌子上画手指画——我的妻子莉尔、另一个儿子鲍勃，还有我自己，大家都玩得很开心。很快，提姆开始从角落里偷看，接着他也要求参加。“哦，不！你必须先去幼儿园学会怎么画手指画。”我把清单上搜罗的所有能让他感兴趣的事一一讲给他听，并让他能听明白——我告诉他所有这些好玩的东西在幼儿园里都有。到了第二天早晨，我以为我起得最早，没想到下楼时发现提姆正在起居室的椅子上安静地坐着。“你在这儿干什么？”我问他。“我等着上幼儿园呢。我可不想迟到。”他们全家人的努力激起了提姆的渴望，不用说教或者威胁就达到了目的。

明天，你可能想说服某人做某事。在开口之前，暂停一下问问自己：“我怎样才能让这个人自己愿意做这件事？”

这个问题让我们不会为了自己的要求喋喋不休地说废话，也不会陷入无人理睬的尴尬境地。

有一段时间，我经常租用纽约饭店的大厅，进行每个季度为期二十天的系列演讲。

又一个季度开始了，我突然被通知要支付三倍于以前的租金。我接到这个消息时，演讲会的票已经印好并分发完毕，所有的告示也都做好了。

很自然地，我不想支付多出来的租金，但是和饭店方面讨论我的想法又有什么用呢？他们感兴趣的只是他们自己的需要。于是，几天以后，我去见经理。

“当我收到您的信时真有点震惊，”我说，“但是我绝不会责备您。如果我处在您的位置上，我也可能会亲笔写一封类似的信。您作为饭店经理，责任就是尽可能让饭店赚钱。如果您不这么做，会被解雇的。如果您坚持要提高租金的话，让我们现在拿张纸，把这件事对您的好处和坏处都写下来。”

随后我拿过一张信纸，从中间分成两栏，一栏上写着“好处”，另一栏上写着“坏处”。

在“好处”那一栏里，我写下“大厅空闲”。我接着说：“您可以把空闲的大厅租出去，或者跳舞，或者开会，这很有好处。您会得到比举办一系列演讲更多的租金。如果我本季度连着二十天晚上都占用您的大厅，这确实意味着您会错失一些有利可图的大生意。

“现在，让我们考虑一下坏处。首先，您的收入会降低，而不是从我这里增加您的收入。事实上，因为我付不起您要求的租金，会被迫另找地方，您也得不到这笔生意了。

“对您来说，还有另一个坏处。这些演讲会吸引许多受过教育的有文化的人来到贵饭店，这对您是一个很好的广告，不是吗？其实，您就是花五千美元在报纸上做广告也不会像我这样把很多人吸引到您的饭店。对贵饭店来说，这不是很划算的事吗？”

我一边说一边在“坏处”那栏里写下这两条，然后把信纸递给经理说：“我希望您权衡利弊，再告诉我您最后的决定。”

第二天，我收到了一封信，通知我租金只增加 50%，而不是开始的 300%。

你看，我没有一句提到过我的要求，就成功地降低了租金。自始至终，我都在谈论他人的需要以及满足需要的办法。

假设我的自然反应和普通人一样，到他的办公室里咆哮："你知道我的票都印好了，广告也打出去了，你现在要提高 300% 的租金，到底想干什么？300%！太可笑了！太荒谬了！我才不会付给你呢！"

接下来会怎样？气急败坏地开始一场暴风雨般的激烈争论——争论的结果可想而知。即使我证明了他的错误，骄傲也会让他很难放弃原来的想法而屈服。

下面这句话是对如何艺术地处理人际关系的绝佳建议。"如果有所谓成功的秘诀，"亨利 · 福特说，"那就是具备一种了解他人想法的能力，看问题不光从自己的角度，也要从对方的立场出发。"

这话如此简单，如此明确，任何人都能一眼看出它是金玉良言。然而，世上 90% 的人在 90% 的时间里都忽视了这一点。

要举例吗？明天早晨拆读办公桌上的信件时，你会发现大部分信都违反了这条具有普遍意义的重要原则。看看下面这封信，是某个大型广告事务所的广播部主管写的，收信人是全国地方广播站的经理们。(在括号里，我会写下对每一段话的看法。)

亲爱的布兰克先生：

某某公司希望保持它在广播领域广告事务方面的领先地位。

（谁关心你公司的需要？我自己的问题就够让人操心的了。银行取消了我住房的抵押品赎回权；害虫正在毁坏我的蜀葵；股市昨天下跌；昨天晚上琼斯一家的舞会没有邀请我；医生告诉我我血压高，有神经炎和头皮屑；还会发生什么？我心事重重地来到办公室，拆开信。这儿居然有一个纽约的傲慢家伙叫嚷着他的公司想要什么！呸！如果他知道他的信给人的印象有多糟，他就该滚出广告界，开始生产羊用防腐浸液。)

本公司遍及全国的广告客户是广播网的坚强后盾。年复一年，我们抓住机遇，始终保持领先地位。

(你规模大、富有、领先，是吧？又能怎样？即使你的规模和通用汽车、通用电气和美国军队总参谋部加起来一样大，我也不会叫好的。即使你和愚笨至极的蜂雀一样迟钝，你也该意识到我只关心我的规模有多大,而不是你的。所有你提到的巨大成功只会让我自惭形秽。)

我们希望能利用广播站信息最后的时间给我们的客户打广告。

(你们希望！你这笨驴。我对你或者美国总统希望什么不感兴趣。让我再告诉你一次，我感兴趣的全部东西就是我的需求——而你在这封荒唐的信里却没有提到一句。)

因此，你是否愿意在每周的广播站信息中优先考虑我公司？——详细地敲定节目时间的每一个细节对我们事务所会很有帮助。

(优先考虑？你的胆子不小！你对你公司长篇累牍的言论让我厌烦透顶,而你竟然要求我"优先考虑"你,甚至连个"请"字都不说。)

迅速确认，并回复你最终的决定，这对我们双方都有益。

(你这个傻瓜！你寄给我一封廉价的平信——这种信就像秋天的树叶一样到处都是——在我正为住房抵押、蜀葵、高血压烦恼时，却要坐在这里处理你这样一封要求确认和回复的信，真让我恼怒。而且你还要求我"迅速"处理。你在说什么，"迅速"？你不知道我和你一样忙吗？——或者至少说我愿意这么想。是谁给了你命令我的权力？……你说"这对我们双方都有益"，最后，直到最后，你才开始看到我的想法。但是对于如何有益于我方，你却含糊其辞。)

你忠实的

某约翰

广播部经理

随信附上布兰科维尔杂志上重印的文章，您或许会感兴趣，并愿意在您的广播站播出它。

(最后，在附言里才提到会帮助解决我的问题的内容。为什么你不把它放在信的开头？——但是，又有什么用？任何一个像你一样胡言乱语的广告人骨子里都有毛病。你不需要关于我们最新进展的信。

你需要的是去看医生。)

现在，如果连做广告的人和在影响他人的技巧方面自称为专家的人，都能写出这样的信，我们怎么还能期望屠夫、面包师或者汽车修理工会做得更好呢?

下面是某个大货运站的负责人写给我的一个学员爱德华·佛迈伦的信。收件人读了这封信会有什么反应？读过之后我再告诉你。

先生们：

我公司的外运火车接货站的运转遇到了阻碍，因为大量的货物都在傍晚时到达。这种情况导致货物积压，部分工人加班，货物装卸延迟，在某种程度上耽搁了货运的速度。11 月 10 日，我们接到了贵公司发来的五百一十件货物，都是在下午四点二十到达的。

我们恳求贵公司的合作，以克服由于接货晚而造成的越来越多的不利影响。能否请贵公司在运送大量货物时，或者提前送达我公司接货站，或者在上午先运送部分货物?

这样安排对贵公司是有利的，既可以使货车卸货更快，也可以确保货物在接货当天就能发出。

你忠诚的某某

读了这封信后，身为公司销售经理的佛迈伦先生把这封信拿给我看，他说：

这封信的效果适得其反。他在开头描述了货运站的困难，可是总体上说我们并不感兴趣。

随后提出要求让我们合作，全然没有考虑这样做会给我们造成多大的不便。在最后一段里才提到，如果我们配合意味着货车卸货更快，并确保货物在接货当天就能发出。

换句话说，我们最感兴趣的内容在最后被提及，这样一封信的整体效果与其说是寻求合作，还不如说是为了引起我们的反感。

让我们看看能不能重写并改进这封信。让我们不要浪费时间谈论我们的问题。就像亨利·福特劝告我们的那样，“了解他人想法，看问题不光从自己的角度，也要从对方的立场出发”。

下面是修改之后的信。它也许不是写得最好的，但是它的确有所改进了。

亲爱的佛迈伦先生：

十四年来，贵公司一直是我们的忠实客户。我们非常感谢贵公司的支持，并理所当然地愿意为您提供快捷、高效的服务。不过，如果贵公司的货车总是像11月10日那天下午很晚才把大批货物送达的话，我们只能很遗憾地告诉您我们难以保证服务的质量。为什么呢？原因在于许多其他客户的货物也在傍晚前后到达。很自然地，这造成了货物积压。这意味着您的货车不可避免地在码头等候卸货，有时候甚至延误了您的货运。

这是个坏消息，不过这种情况是可以避免的。如果有可能，贵公司可以把去码头送货的时间安排在上午，这样您的货车就能顺畅地卸货，您的货运能够及时得到安排，而我们的工人也可以晚上早点儿回家，品尝贵公司生产的美味的通心粉和面条。

无论您的货物何时到达，我们都将竭尽全力为您提供快捷的服务。

您一定很忙。请不必费心回复此信。

你忠诚的

某某

因为儿子的健康问题，在纽约一家银行工作的芭芭拉·L. 安德森想搬到亚利桑那州的菲尼克斯。她按照我们课堂上教授的原则给菲尼克斯的十二家银行写了这样一封信：

尊敬的先生：

我在银行业有十年的工作经验，对于像您这样业务拓展迅速的银行，也许会有吸引力。

我在纽约信托公司银行的各个岗位上都工作过，并被任命为支行经理，我熟练地掌握了银行的业务（包括存款、信用、借贷和管理）。

5月我将搬到菲尼克斯居住，我确信我能够为贵行的发展和盈利作出贡献。4月3日以后，我会在菲尼克斯停留一个星期，不知是否能有幸和您讨论我帮助贵行实现目标的一些想法。

真诚的

芭芭拉·L.安德森

你认为安德鲁夫人能得到回信吗？事实上，十二家银行里有十一家邀请她见面，她从中选了一家中意的。为什么呢？安德鲁夫人没有说她想要什么，而是写信陈述她怎样能对他们有所帮助，聚焦在他们的需求，而不是她自己。

现在，成千上万的推销员正四处奔波，他们疲倦、气馁，收入少得可怜。这又是为什么？因为他们总是只考虑自己的需要。他们没有意识到我们这些被推销的顾客并不想买任何东西。如果我们需要，我们会出门自己去买。不过，我们通常对如何解决自己的问题感兴趣。如果推销员能够说明他们的服务和商品能够帮助我们解决问题，不用他费口舌，我们就会买的。因为顾客喜欢主动买东西的感觉，而不是被动的推销。

然而，许多推销员干了一辈子都没有学会从顾客的角度看问题。多年以前，我住在"森林山庄"，这是纽约市中心的一个小型的私人住宅区。一天，当我急急忙忙赶往车站时，碰巧遇到了一个房地产经纪人，他在这一带买卖房屋很多年了。因为他很熟悉"森林山庄"的情况，我就匆忙地问了一句，他是否知道我那栋灰泥外墙的房子用的是金属板条还是空心砖。他说他不清楚，还告诉我一个我早就知道的信息——可以打电话给“森林山庄”园林管理会了解。第二天早晨，我接到他的来信。他给了我需要的信息吗？这是他花一分钟打个电话就可以回答的问题。但是，他没有这样做。他又说了一遍昨天的废话，然后请求代理我的保险。

他对帮助我并没有兴趣。他关心的只是如何帮助他自己。

阿拉巴马州伯明翰来的J. 霍华德·卢卡斯讲了同一家公司的两名推销员处理同一类问题时的不同做法。

几年前，我是一家小公司管理团队的一员。我们旁边是某大型保险公司的地区总部所在。他们的代理人都按地域分配工作，负责我们公司的是两个代理人，就叫他们卡尔和约翰吧。

一天早晨，卡尔经过我们的办公室时，偶然提起了他的公司为经理人推介了一种新的人寿保险，他想也许我们会感兴趣，回头他会提供给我们更详细的信息。

同一天，约翰看见我们从咖啡厅出来正往回走，就喊：

“嗨，卢克，等一下。我告诉你们一个好消息。”他匆忙跑过来非常兴奋地告诉我们就在那天他的公司推出了一项针对经理人的人身保险政策（这和卡尔偶然提到的保险是一回事）。他想让我们最先知道。他给我们一些重要的资料，最后说：“这项政策是最新的，我打算明天请总公司的人来详细地解释一下。现在，我们得填写申请单，以便他们能提供更多有用的信息。”尽管我们对这个保险的细节一无所知，但是约翰的热情激起了我们的渴望。当我们了解到它们是为我们量身定做的，就和约翰开始介绍的一样时，我们每个人都买了这种保险，而且是两份。

卡尔本来可以取得这样的销售业绩，但是可惜他在激发我们对保险的欲望方面没有做什么努力。

这个世界到处是只顾自己、你争我抢的人。所以，那些不自私、愿意为他人服务的少数人就拥有了巨大的优势，几乎没人能和他们竞争。欧文 · D. 杨是美国杰出的商业领袖和知名律师，他曾说 ：“能换位思考的人，能设身处地去理解他人想法的人，根本不需要担心未来的前程。”如果读了本书你学到了一点——逐渐养成根据他人的观点去思考、从他们的角度看问题的习惯，它将成为你事业的基石，助你成功。从他人的观点看问题并激发他的渴望，这不能看做是损人利己、操纵别人，因为从交流中双方都能获益。看看那封写给佛迈伦先生的信，无论是寄送者还是收件人，如果能遵照信中的建议行事则都能获益。看看安德鲁夫人的做法，银行由此寻觅到了一个合适的雇员，而安德鲁夫人得到了满意的工作，达到了双赢的效果。在约翰向卢卡斯先生推销保险的案例里，交易对双方都有利。

另一个例子是迈克尔 · E. 威顿，他来自美国罗得岛州，是壳牌石油公司的地区推销员。迈克尔想成为他这个地区的销售冠军，但是一个服务站成了他达成目标的绊脚石。负责该服务站的人年龄较大，不愿意更新服务站的设施。迈克尔面临的形势很不好，销售量正在明显下降。

迈克尔恳求更新服务站，但是那个经理根本听不进去。他们进行了多次坦率的交谈，但一切都无济于事——迈克尔决定邀请这位经理参观他负责的地区里最先进的壳牌服务站。

先进服务站的便捷给这位经理留下了深刻的印象。交易达成了。当迈克尔再次拜访他时，服务站已经整修一新。他的销售额也创下了纪录。这样一来，迈克尔一跃成为地区的销售冠军。他的劝说和讨论都没有什么帮助，但是通过激发这位经理的渴望，通过现代化服务站的展示，他实现了目标，而且这对经理和迈克尔都有利。

大多数人都受过大学教育，学会了阅读古罗马诗人维吉尔的诗，掌握了复杂的微积分，却对他们自己的心理活动原理一无所知。有一次，我为一家大型的空调制造公司刚入职的大学毕业生们讲授如何有效地谈话。一个参加培训的人想说服别人休息时打篮球，他是这么说的：“我想叫你出去玩篮球。我喜欢打篮球，可是最近几次我去体育馆，人总是不够，打不了比赛。那天晚上我们只有两三个人在球场上投球——我还被人打青了眼眶呢。我希望明天晚上你们大家都来。我真的很想打篮球。”

他提到了你的需要么？你不想去空无一人的体育场，对吧？你并不关心他的要求。你不想被打青眼眶。

体育场有没有能满足你的需要的地方呢？当然有——更多的活力，食欲大开，更加清醒的头脑，乐趣，比赛，还有篮球。

在我的训练课上有一个学生很担心他的小儿子。这个孩子体重过轻，还不好好吃饭。他的父母运用了通常的办法——责骂和唠叨。“妈妈想让你吃这个吃那个。”“爸爸希望你长成一个大人。”

这个男孩注意到这些恳求了吗？很显然，他毫不在意。常识告诉我们，不要指望 3 岁的孩子能按照 30 岁父亲的要求去做。然而这个父亲偏偏这么盼望，有点可笑吧。最终他明白了。于是他自言自语说：“孩子想要什么？怎样能把我的愿望和他的愿望结合起来？”

当父亲开始这样思考时，事情就变得容易了。他的儿子有一辆三轮车，喜欢在布鲁克林的房子前的人行道上骑来骑去。临街不远住着一个爱欺负弱小的大男孩——他经常把这个小男孩从三轮车上拉下来，然后自己骑。

自然，小男孩会哭着跑到母亲面前，而母亲不得不出去把欺负人的孩子拉下来，让自己的孩子再骑上。几乎天天如此。

这个小男孩想要什么？不用劳烦大侦探福尔摩斯来解答了。他的自尊，他的气愤，他对重要感的渴望——在他的外表下隐藏着所有这些强烈的感情——驱使他去报仇，揍扁那坏家伙的鼻子。当他的父亲告诉他，只要好好吃妈妈准备的食物，总有一天他就会打败那个大孩子——当父亲向他承诺之后——就再没有营养方面的问题了。这个孩子吃菠菜、德国泡菜、腌鲭鱼，吃能让他变得强大的任何东西，以便日后去教训那个经常羞辱他的家伙。

解决了这个问题以后，这对父母又要对付另一个麻烦：这个小男孩有尿床的坏习惯。

他和奶奶一起睡。早晨，奶奶醒了以后会摸摸床单说："看，乔尼，昨晚你又干了什么？"

他会说："不，不是我干的，是你。"

训斥、羞辱、打屁股，反复告诉他，父母不想让他尿床，这些都不能让床单保持干净。于是，这对父母问自己："我们怎么才能让这孩子不尿床呢？"

他想要什么？首先，他想要一件像爸爸那样的睡衣，而不是像奶奶那样的睡袍。奶奶已经非常厌倦他每晚都尿床了，只要他能改正，她很愿意出钱给他买一套睡衣。第二件事，他想拥有一张属于自己的小床，奶奶也不反对。

他母亲带他到布鲁克林的百货商店，给售货员使了个眼色说："这位小绅士想买点东西。"售货员问："年轻人，我能为你做点什么？"这让小男孩觉得自己受到了重视。他踮起了脚跟儿，说："我想买一张自己的床。"当他被带到一张他母亲满意的床前时，他母亲又使了个眼色，售货员就使劲劝说小男孩买下了这张床。第二天，床被送来了。那天晚上，当父亲回家时，小男孩跑到门口喊着："爸爸！爸爸！快到楼上看看我为自己买的床！"看着这张床，这位父亲遵从了查尔斯·施瓦布的建议，他做到了"热衷于赞扬并慷慨地送上他的嘉许"。"你不会打算把床弄湿，对吗？"父亲说。"噢，是的，是的！我不会弄湿我的床。"男孩信守了诺言，心中充满了骄傲。那是他的床，是他自己买回来的。现在他穿上了睡衣，像个小大人。他想做得像个男子汉，而且他真的做到了。

另一个父亲是K.T.达茨曼恩，一个电话工程师，也是我们课堂上的学员。他三岁的女儿总是不吃早饭。一般的责骂、恳求、哄骗的方法最后都是徒劳。所以，父母开始扪心自问："我们怎样才能让她自己想吃早饭？”

小女孩喜欢模仿她的母亲，喜欢长大的感觉。于是，一天早晨，他们把她放在厨房让她自己做早饭。这是她心情最好的时候，父亲踱进厨房时，她一边搅和面粉一边说：“噢，看，爸爸，今天早晨我在做早餐。”

没用谁哄，她自己吃下了两份面包，因为她对做食物感兴趣。她得到了被别人重视的感觉。在做食品的过程中，她找到了自我表达的方法。

威廉·温特曾经说过：“自我表达是人类本性中具有支配地位的需求。”我们为什么不把同样的心理学原理应用到商务上呢？当我们有一个绝妙的主意时，为什么不想办法让别人去发现和挖掘？不必让别人认为这个主意是我们的，这样他们会把它看做是自己的想法，他们会喜欢它，或许会加倍地努力去实现它。

记住奥弗斯特里特教授的名言：“首先，激发出别人的渴望。能做到这一点的人拥有整个世界，做不到的人孤独一生。”

规则 3：激发出别人的渴望。

第二部分

让人们喜欢你的六个方法

1.真诚地关心别人，你就会处处受到欢迎

我们为什么要通过这本书来学习怎样赢得友谊呢？为什么不向最有人缘的人学习交友技巧呢？谁最有人缘呢？明天你可能就会在街上遇见他。在你离他还有十英尺远的时候，他就开始摇尾巴了。如果你停下来拍拍他，他会欣喜若狂地向你表示他是多么喜欢你。而且你知道他的这些表现并没有不良的动机——他不想向你推销任何产品，而且他也不想和你结婚。

你是否曾经想过，狗是不用工作就可以生存下去的唯一动物。母鸡得下蛋，奶牛得产奶，金丝雀要唱歌，但是，狗的存在没有给你任何其他的东西，除了爱。

在我五岁的时候，我的父亲花五十美分买了一只小黄毛狗——提皮，他是我童年生活的光明和快乐。每天下午四点半，他都会坐在院子前面，漂亮的眼睛紧盯着门前的小路。只要一听到我的声音或者看见我摇晃着饭盒穿过灌木丛，他就会像离弦的箭一般，一口气跑到山顶迎接我，快乐地蹦跳着，高兴地叫着。

五年里，提皮一直是我形影不离的伙伴。然而在一个可怕的夜晚——我永远也不会忘记——他就在离我十英尺的地方被闪电劈死了。提皮的死是我童年的一个灾难。

你从来没有读过心理学的书，提皮。你不需要读这些。通过某些奇妙的本能，你知道在两个月里，如何凭借对他人真诚的热情结交更多的朋友，而如果通过试图让他人对你感兴趣的方法，即使花两年的时间也做不到这一点。

然而，你我都知道，有些人终其一生都在试图让他人对自己感兴趣。

当然，这没有一点儿用处。人们对你不感兴趣。他们对我也没兴趣。他们只对自己有兴趣——无论在早晨、中午还是晚餐以后。

纽约电话公司对人们的电话通话做过一次详细的研究，寻找最常用的词。你可能猜到了，这就是人称代词“我”，“我”，“我”。在五百次电话通话中，“我”字被使用了三千九百次。“我”，“我”，还是“我”！

当你看到一张合影时，你最先会寻找哪一个面孔？如果我们只是想给别人留下印象，让别人对我们感兴趣，我们将永远交不到真正的、忠诚的朋友。朋友，真正的朋友，不是这样得到的。

拿破仑试过这个方法，在他最后一次见到约瑟芬的时候，他说：“约瑟芬，我曾经是这个地球上最幸运的人。然而，此刻，你是我在这个世界上唯一依靠的人。”

维也纳著名的精神病学家、心理学家阿尔弗雷德·阿德勒写过一本名为《生命对你意味着什么》的书。书中写道：“正是那些不关心朋友的人会在生活中遇到最大的困难，给他人极大的伤害。这种人的存在正是人类失败的根源。”

你可能读过很多心理学著作，却没有遇到过像这样对你我都更有意义的论述。阿德勒的论断内涵如此丰富，我愿意再重复一遍：

正是那些不关心朋友的人会在生活中遇到最大的困难，给他人极大的伤害。这种人的存在正是人类失败的根源。

我在纽约大学学习短篇小说写作时，一家顶尖杂志的编辑给我们讲过课。他说，他的桌上每天堆着大量的小说稿件，他只要从中拣出一篇读上几段，就可以判断出作者是否关爱他人。“如果作者不关爱别人，”他说，“人们也不会喜欢他或者他的作品。”

这位编辑在讲授小说写作的课上两次停下来强调这一点。“我告诉你们的，”他说，“和你的传教士告诉你的是一回事儿，但是记住，如果你想成为一个成功的小说家，你必须关心别人。”

如果这对于小说写作来说是正确的，那么，可以确信，在与别人面对面交往时也是如此。

霍华德·瑟斯顿最后一次亮相百老汇那天，我和他在更衣间里交谈了一晚上——瑟斯顿是公认的魔术大师。四十年间，他环游世界，一次又一次地制造幻境，令观众着迷、惊奇。超过六千万观众购票欣赏他的演出，他获利大约二百万美元。

我请瑟斯顿先生告诉我他成功的秘密。这和他的教育背景没有一点关系，因为他幼年时就离家出走了，过着流浪的生活，躲在货车车厢里，睡在干草堆里，挨家挨户乞讨。他是通过从货车车厢里看铁路沿线的标记才学会了认字。

他懂得更高深的魔术知识么？不，他告诉我变戏法的书有上百本，很多人和他知道得一样多。但是，有两点是其他魔术师没有做到的。首先，在舞台上，他有能力展现他的个性。他是个表演大师。他懂得人性。他在表演时所做的一切，每一个动作、每一个手势、每一个声调，甚至每抬一下眉毛，都是事先精心排练过的，他的动作精确到以秒来计时。更为重要的是，瑟斯顿对人怀有巨大的热情。他告诉我，许多魔术师在面对观众时对自己说：“好吧，这儿有一群傻孩子，一群乡巴佬，我会把他们都戏弄了。”但是瑟斯顿的办法完全不同。他每次上台时都提醒自己：“我很感激这些人来看我表演。他们是我的衣食父母。我要尽可能把我最精彩的本领奉献给他们。”

他说，如果没有在台下反复地对自己说“我爱我的观众，我爱我的观众”，他是不会上台的。荒唐么？可笑吗？

随你怎么想，我只是把一位最著名的魔术师的话原封不动地讲述出来而已。

宾夕法尼亚州北沃伦的约翰·戴克在工作了三十年后不得不从他的服务站退休了，因为一条高速公路建在了他的车站附近。没过多久，懒散的退休生活让他厌烦了，于是他开始拉他那把破旧的小提琴来消磨时光。很快，他游遍了这一地区，听音乐，和许多成名的小提琴家交谈。通过这种谦逊友好的方式，他逐渐对他见到的每一位音乐家的生活背景和爱好产生了兴趣。尽管他自己不是一个出色的小提琴家，但是他结交了这一领域里的许多朋友。他还参加比赛，很快人们都知道他是个乡村音乐的爱好者。在美国东部地区，他被称为“约翰叔叔，来自肯祖尔乡村的小提琴家”。现在，他已经七十二岁了，生活的每一分钟都过得很快乐。由于保持了对他人的关心，在耄耋之年，他为自己开创了新的生活。

这也是西奥多·罗斯福有令人称奇的好人缘的秘密之一。就连他的仆人们都爱戴他。他的贴身男仆詹姆士·E.阿摩司写了一本关于罗斯福的书《西奥多·罗斯福，仆人心中的英雄》。在这本书里，阿摩司讲了这么一件事：

我的妻子有一次问总统关于山齿鹑的事。她从没见过这种鸟，于是他就向她详细地描述起来。事后不久，我们屋里的电话响了（阿摩司和妻子住在罗斯福在奥斯特湾的一栋小村舍里）。我妻子接了电话，是罗斯福先生本人打来的。他打电话是为了告诉她有一只山齿鹑就在她的窗户外面，如果朝外看就能看见。关注像这样的小事是他很典型的做法。无论何时他经过我们的屋子，我们经常未见其人先闻其声。他喊着：“噢——噢——噢，安妮！”或者“噢——噢——噢，詹姆士！”在他经过时，总是给予我们这样友好的问候。

这样的老板，员工怎能不爱戴？人们怎能不喜欢？

一天，在塔夫脱总统夫妇外出之际，罗斯福造访了白宫。当他叫出白宫的老仆人们甚至包括洗碗女工的名字，并向他们所有人问好时，他对这些下人们真挚的感情表露无遗。

阿奇·巴特这样写道：

当他看见厨娘艾丽丝时，他问她是不是还在做玉米面包。艾丽丝告诉他，她有时会做给仆人们吃，但是楼上的人不吃这个。

“他们的口味不怎么样，”罗斯福大声说，“等我看见总统时，我也会这么说。”

艾丽丝用盘子给他拿来了一块玉米面包，他一边吃，一边和路上遇到的花匠、工人打着招呼，向办公室走去……

他说话的语气就像从前一样。在白宫服务四十年的首席招待员艾克·胡佛眼含热泪地说：“这是我们最近两年里唯一感到幸福的一天，哪怕用一百美元的钞票来交换这一天，我们也没有人愿意。”

给那些看上去不重要的人以同样的关心，这样的做法帮助新泽西州查塔姆的销售代表爱德华·塞克斯保住了订单。他在报告中说：

许多年前，我负责强生公司在马萨诸塞地区的客户。其中有个客户是星罕姆的一家杂货店。无论我什么时候去店里，和店主谈生意之前，我都先和售货员聊上几分钟。一天，我去见店主，他叫我离开，因为他对我们的J&J产品不再感兴趣了。他觉得强生的许多活动都是针对食品市场和折扣商店的，损害了小型杂货店的利益。我夹着尾巴离开了，然后在城里转悠了几个小时。最后，我决定回去，至少也要给那个店主解释一下我们的情况。

当我重返杂货店时，我走进去像往常一样和店员们打招呼。我走到店主面前，他对我微笑，欢迎我回来。然后他给了我两倍于平时的订单。我吃惊地看着他，问他几个小时内发生了什么事。他指着冷饮柜台的一个年轻人说，我离开以后，这个男孩走过来说，在所有来访的推销员中，我是少有的几个愿意和店员们打招呼的人之一。他告诉店主，如果有推销员应该得到订单，那么这个人就是我。店主同意他的看法，从此他成为我们公司一个忠实的客户。我从未忘记，对他人怀有极大的热情是推销员应具备的最重要的素质——对任何人、任何事都是这样。

从个人的经验中我发现，对他人怀有极大的热情可以引起别人的注意，得到与他们相处的时间、合作，甚至是那些名人也不例外。下面让我举例说明。

几年前，我在布鲁克林文理学院教小说写作这门课，我们非常希望邀请到像凯瑟琳·诺里斯、梵尼·赫斯特、艾达·塔贝、艾伯特·佩森和鲁珀特·休斯这样的知名作家来布鲁克林，给我们传授他们的写作经验。于是我们给他们写信，说我们很羡慕他们的工作，十分渴望能得到他们的建议，学习他们成功的秘密。

每一封信都签上了一百五十名学生的姓名。在信中，还写道我们知道这些作家很忙，也许没有时间准备演讲，所以我们列了一个有关作家本人和其工作方法的问题清单请他们回答。他们喜欢这种方式。谁会不喜欢呢？于是，这些作家启程来到布鲁克林给我们以帮助。

用同样的方法，我还说服了西奥多·罗斯福总统的内阁成员、财政部长莱斯利·肖、塔夫脱总统的司法部长乔治·威克罕姆、威廉·詹宁斯·布赖恩、富兰克林·罗斯福和许多杰出的人物，在我的课堂上和学生们交流。

我们所有的人，工厂的工人、办公室职员或者是高高在上的君王——所有人都喜欢尊敬自己的人。就拿德国皇帝为例吧。在第一次世界大战即将结束时，他恐怕是全世界最受痛恨的人了，甚至他自己的国家都反对他，为了活命他不得不逃亡到荷兰。人们对他痛恨之极，恨不能将他碎尸万段。在人们怒火万丈之际，一个小男孩给皇帝写了一封简单而真诚的信，其中充满了友善和崇敬。小男孩说，无论别人怎么想，他永远热爱他的威廉皇帝。皇帝被他的信深深地打动了，并邀请小男孩来看望他。男孩来了，他的妈妈也一同前往——后来，皇帝迎娶了她。那个小男孩根本不需要读这本如何赢得友谊和影响力的书，他本来就有这方面的天分。

如果我们想结交朋友，就要忘我地为他人做事情，做雪中送炭的事，充满精力、无私、考虑周全地去做。当温莎公爵还是威尔士王子的身份时，计划去南非旅行。出发之前他花了几个月的时间学习西班牙语，为的是能用这个国家的语言进行公开演讲。南非人因此而爱戴他。

多年来，我一直愿意探问我朋友们的生日。我是怎么做的呢？我利用了占星学。虽然我对这种以观测天象来预卜人间事务的方术一点儿也不相信，但是我会就此入手询问别人是否相信一个人的出生日期会影响他的性格和运程。然后我问他生辰的具体日期。比如，他（她）回答说是 11 月 24 日，我就不停地在心里重复着："11 月 24 日，11 月 24 日。"等我的朋友一转过身，我就把姓名、生日写下来，然后转抄到我的生日记录本上。在每一年的年初，我都把朋友们的生日标注在日历上，这样我随时都能注意到。当那一天到来的时候，我会发电报或是写信祝贺。这给了他们无比的惊喜！我常常是记得他们生日的唯一一个人。

如果我们想结交朋友，就活泼、热情地问候他们吧。当有人打电话给你时，记得使用同样的心理学方法，用表示你很高兴接听此人电话的愉快语调打招呼。许多公司培训它们的电话接听员用热情、关切的语气与对方谈话，对方会感觉这家公司很关心他们。明天我们接听电话时，一定要记住这一点。

对他们表示出极大的热情不仅会帮你赢得友谊，也能为你的公司赢得忠实的客户。在纽约北美国家银行的一份出版物里，刊印过下面这封储户玛德莱恩 · 罗斯德的来信：

我很愿意告诉你们，我对你们的员工有多么感激。每一个人都是这么谦虚、礼貌、乐于助人。在排了长长的队之后，听到出纳员们愉快的问候，我真的很开心。去年我母亲住院五个月，我经常到出纳员玛丽 · 派彻赛勒那里办事，她很关心我母亲并询问她的情况。

还用怀疑吗？罗斯德夫人以后肯定会一直光顾这家银行。查尔斯·沃尔特斯供职于纽约市一家大型银行，他被分派任务，准备一份关于某家公司的机密报告。他知道只有一个人能提供他迫切需要了解的情况，那就是公司总裁。当沃尔特斯先生被领到总裁办公室时，一个年轻的女子从门外探进头来告诉总裁她今天没有邮票给他。

“我在为我十二岁的儿子收集邮票。”总裁向沃尔特斯先生解释。

沃尔特斯先生讲明来意，并开始提问题。总裁的回答含含糊糊，很笼统。他不想谈话，而且显然没有什么能使他愿意将谈话进行下去。这次会面既短暂又没有成效。

沃尔特斯先生后来给同学们讲述了这个他亲身经历的故事：

坦白说，我不知道该怎么做。随后我想起了他的秘书说的话——邮票、12 岁的儿子……我回想起我们银行的国际部也在收集邮票，来自世界各地的信封上贴着的邮票。

第二天下午，我打电话给那位总裁，只说我有一些邮票给他儿子。我受到了热情的迎接吗？是的。他非常热情地握住我的手，好像他是参加竞选国会议员的候选人一样。他喜笑颜开：“我的乔治会喜欢这张。”他一边翻看邮票一边不停地说：“看这张！这是个珍品。”

我们花了半个小时讨论邮票，还看了他儿子的照片。然后，他用一个多小时的时间详细介绍了我想要了解的情况，甚至还没等我暗示他。他知无不言，还叫来下属询问他们。他给一些合作者打电话，给我提供了事实、数据、报告和通信记录。用报纸记者的说法，我挖掘到了有用的材料。

这里还有另一个例证。

费城的 C.M. 纳夫尔多年来一直想把燃料销售给一个大型的连锁机构，但是这家连锁公司总是从外地供货商那里进货，运货的路线正好经过纳夫尔办公室的门口。纳夫尔一天晚上在我们上课的时候发言，把他对连锁公司的愤怒一股脑倾诉了出来，甚至认为连锁店是国家的祸根。

而且，他仍然不明白为什么他不能做成这笔生意。

我建议他尝试一下不同的策略。简要地说，我们准备在学员中办一场辩论，主题是连锁商店对国家的弊大于利。在我的建议下，纳夫尔站在了反方，他同意为连锁店辩护，然后他直接去找那家连锁机构他原本看不起的经理。他说："我到这儿不是推销燃料的，我是来请你帮忙的。"他讲了他即将参加的辩论，然后说："我来找你寻求帮助，是因为我想不出还有谁比你更适合提供我需要的事实。我渴望赢得这场辩论，无论你能给我什么帮助我都万分感谢。"

让我们听听纳夫尔先生自己是如何继续讲述这个故事的。

我起先只要求经理给我一分钟的时间。这样，他才会见我。当我说明缘由之后，经理请我坐下，和我谈了一个小时四十五分钟。他还打电话给另一位写过关于连锁店铺经营图书的经理，请他帮助我。他致信国家连锁商店协会，提供给我相关主题的辩论会记录。他觉得连锁商店为人类提供了一种真正的服务。他很骄傲他为上百个社区创造了便利。他说话时眼睛发亮，我不得不承认他的话让我大开眼界，了解到以前我甚至做梦都没有想过的事。他整个改变了我对连锁企业的态度。

当我要离开时，这位经理送我到门口，胳膊揽住我的肩膀，祝我在辩论中胜出，并请我再次访问他，告诉他辩论的经过。他对我说的最后一句话是："春天的时候请来我这里，我愿意和你签一个燃料的订单。"

对我来说这简直是一个奇迹。我没有做任何暗示，他就提出要购买燃料。我花了十年的时间想让他对我和我的产品感兴趣，却远不及我花两个小时对他和他的事业表示关心所取得的效果。

纳夫尔先生发现的并不是一个新的理论，因为在很久以前，在耶稣基督降生一百年前，著名的罗马诗人帕布里流斯·赛罗斯就曾有言："我们关心那些关心我们的人。"

和人际关系的其他准则一样，对别人表示关心一定要真诚。这不仅对表示关心的人有利，对接受关心的人也有好处。这是双向的，双方都能获益。

马丁·金斯伯格在纽约长岛参加了我们的培训，讲述了一位护士特别关心他，从而深刻地影响了他的生活的故事。

那是我十岁那年的感恩节，我在一个城市的福利病房准备第二天接受整形外科手术。我知道我将要面对的是几个月的封闭治疗、疼痛，并逐渐康复的过程。我父亲已经死了，我的母亲和我相依为命，住在一间小公寓里，靠救济度日。所以，我的母亲那天不能来看望我。

天越来越晚了，我开始陷入了孤独、绝望和恐惧的情绪中。我知道我母亲一人在家正为我担心，她没有人陪伴，没人陪她吃饭，她甚至没有足够的钱准备感恩节的晚餐。

泪水涌进了我的眼睛，我把头埋在枕头下，又拉上被子盖住自己。我十分难过，无声地哭泣，连身体都痛苦地蜷缩起来。

一个年轻的实习护士听到了我的啜泣，向我走来。她揭开我头上的被子，开始给我擦眼泪。她告诉我她觉得很孤独，因为她不得不在感恩节那天工作而不能和家人在一起。她问我是否愿意和她共进晚餐。她端来了几盘食物：火鸡片、土豆泥、水果沙司，还有冰激凌作为甜品。她和我聊天，试图抚平我的恐惧。尽管下午四点钟已经可以下班了，她还是留下来陪我，直到晚上将近十一点。她和我做游戏，跟我说话，等我终于睡着了才离开。

从十岁以后，我度过了许多感恩节，但是每一次我都会想起那个特别的感恩节，想起我失望、恐惧、孤独的感觉，想起那个陌生的人给予我的温暖和关切。

如果你想让他人喜欢你，如果你想发展真正的友情，如果你想在帮助自己的同时也帮助他人，请记住这个原则：

规则 1：真诚地关心他人。

2.给人留下良好的第一印象的简单方法

在纽约的一个宴会上，其中有位客人是个继承了一大笔遗产的女士。她很渴望给每一个人都留下愉快的印象。她花费大量金钱买了貂皮、钻石和珍珠，但是她没有在自己的脸上下任何工夫。她的表情暴露了她的性情乖僻而自私。她没有意识到每个人都明白的道理：一个人脸上的表情比穿在身上的衣服重要得多。

查尔斯·施瓦布告诉我他的笑容价值一百万美元。他或许有意轻描淡写地阐述了这个真理。施瓦布的个性、魅力和令别人喜欢自己的能力，几乎是他获得非凡成就的全部要素。他人格中最令人愉快的地方就是他迷人的笑容。

行胜于言。一个笑容好像在说：“我喜欢你。你让我很高兴。我愿意见到你。”这就是小狗取悦于人的原因。它们见到我们时欣喜若狂，所以很自然，我们也愿意见到它们。一个婴儿的笑容有同样的功效。你在候诊室里注意过周围人阴郁的脸上不耐烦的表情吗？密苏里州一个镇上的兽医斯蒂芬·斯普劳尔描述了这样一件事。那是一个温暖的春天，他的候诊室里坐满了顾客，等着给他们的宠物接种疫苗。没人交谈，所有的人可能都在想着一大堆他们可以去做的其他事，而不是坐在这里“浪费时间”。

有六七个顾客正在等候，这时一位年轻的女士抱着九个月大的婴儿和一只小猫走了进来。很凑巧，她坐在一位因为长时间的等待而有点儿抓狂的男士旁边。男子看到婴儿抬起头对他绽开了笑容。那位男士做了什么呢？当然，和你我的反应一样，他对婴儿回报以微笑。很快，他和那位女士谈论起这个婴儿和他的孙子，不久，整个候诊室的人都参与进来，原本枯燥、紧张的气氛变成了令人愉快的体验。

如果是不真诚的微笑呢？不行，那骗不了任何人。我们把那种机械的、敷衍的笑容称为“皮笑肉不笑”，是人们所憎厌的。我所说的微笑是真正的微笑，热心的微笑，是从内心发出的，那种能在市场上换个好价钱的笑容。

詹姆士·V. 麦考奈尔是美国密歇根大学的心理学教授，他这样形容微笑：“微笑的人在管理、教育和销售方面会更有成效，他们的子女会更幸福。微笑比皱眉头包含更多的含义。这也是为什么在教育方法上鼓励比惩罚更有效果的原因。”

纽约一家大型百货公司的人事主任告诉我说，她宁愿雇用一个有着可爱微笑，但是小学还没有毕业的女孩子，也不愿意雇用一个脸上冷若冰霜的哲学博士。

微笑的力量是强大的，即使别人没有看见你的笑容。遍及美国的电话公司进行过一个名为“微笑力量”的活动，要求雇员通过电话销售他们的服务或产品。在活动中，他们建议在打电话时要微笑，这样你的“微笑”可以通过声音传递给对方。

罗伯特·卡莱尔是俄亥俄州辛辛那提市一家公司的电脑部经理，他为我们讲述了他如何成功地完成一个紧缺职位的人员招聘工作。

我竭尽全力想为我们部门招聘一个计算机专业的博士生。最后我找到了理想的人选，一个即将从普杜大学毕业的年轻人。通过几次电话交谈之后，我了解到有好几家公司都愿意聘请他，其中有许多比我们公司更大更有名气。我很高兴他接受了我的聘请。他开始工作以后，我问他为什么选择了我们公司而退掉了其他的工作机会。他停顿了一下然后说：“我想是因为其他公司的经理在电话里语气冰冷，像例行公事，让我感觉好像在进行商务会谈。你的声音听起来让我觉得你很高兴听到我的声音……我想你是真心愿意让我成为公司的一员。”你可以确信，我现在接听电话时仍然面带笑容。

美国最大的一家橡胶公司的董事长告诉我，依他的观察，除非一个人对他的事业充满乐趣，否则是很难有什么作为的。这位工业领袖不太相信那句格言：只有努力工作才是打开欲望之门的金钥匙。“我知道有些人，”他说，“他们的成功是因为怀着极大的希望和兴趣。到后来，当他们把乐趣变成工作时，他们感到厌烦、沉闷，他们失去了原有的欢乐，最后他的事业也会失败。”

如果你希望别人见到你表现出很高兴、欢愉的神情，那么你自己先要这样去面对别人。

我曾经要求上千名商界人士，在每天的每一小时，遇到人就微笑，坚持一星期后，回来在课堂上说说效果如何。这一招奏效吗？让我们看看……下面有封纽约证券交易所一位股票经纪人威廉·斯坦哈特先生写来的信。他的情况绝非特例。事实上，这是上百个案例中比较典型的一个。

我结婚有十八年了。这些年来，从我起床到离开家这段时间内，我很少对我太太微笑，或是和她多说上几句话。我是百老汇街上的行人中最不快乐的人。

当您要求我汇报我的微笑体验，我想我得尝试一个星期。所以，第二天早晨梳头的时候，我从镜子里看到自己那张阴郁的脸孔，就对自己说：“比尔，你今天要一扫愁容。你要微笑，现在就开始。”坐下吃早餐的时候，我笑着向我太太问候道：“亲爱的，你早！”

您曾提醒过我，她一定会感到很惊奇，那么，你低估了她的反应。当时她迷惑、愣住了。我告诉她，以后她会把这当成家常便饭，而且我坚持每天早上都这样做。

在两个多月的时间里，我态度的改变给我的家庭带来了更多的幸福，比去年一年的快乐还多。

现在我去办公室，会对电梯员微笑说：“你早！”我笑着问候看门人。在地铁柜台换钱时，对出纳员我的脸上也带着笑容。我站在交易所大厅里时，对那些以前从没有见过我笑的同事们微笑。

我很快发现每一个人都对我还以微笑。对那些来向我抱怨、诉苦的人，我微笑着倾听，我发现这样调解问题会容易得多。我发现微笑替我带来了财富，每天都有很多的财富。

我和另外一个经纪人合用一间办公室。他有个职员，是个可爱的年轻人。因为我对我自己所得到的成就感到很得意，就告诉他我最新的人际交往哲学。那年轻人回应说，在我初来这间办公室时，他认为我是一个可怕的脾气极坏的人，而最近一段时间来，他对我的印象改变了。他说我笑的时候很有人情味。

我也改掉了原有的批评人的习惯，现在我把斥责人家的话，换成赞赏和鼓励。我再也不会说我想如何如何，我正在试着尽量去了解别人的观点。这些事情彻底地改变了我的生活。现在的我是一个跟过去完全不同的人了，一个更快乐的人，一个更富有的人，富有友谊和幸福——这才是最重要的事。

你感觉很糟笑不出来？那怎么办？有两件事可以一试！强迫你自己微笑。如果你独自一人的时候，强迫自己吹吹口哨，唱唱歌。就好像你已经很快乐那样去做事，就能让你真的快乐起来。哈佛大学的心理学家和哲学家威廉·詹姆士采取了这样的方法：

行动应该跟着感觉走，可是事实上，行为和情绪是结合在一起的。行为更直接地受控于我们的意志，而情绪则不然，所以通过调节行为，可以间接地调节我们的情绪。

如果我们失去了快乐，这里有一条非常主动的途径，或许可以带给我们快乐。那就是快乐地坐起来，像我们已经很快乐那样去说话和行事。

世界上每一个人都在寻找幸福，这儿有一条确实有效的方法，那就是控制你的想法。幸福不会取决于外界的条件，它只取决于你的内心。

你拥有些什么、你是谁、你在什么地方或者你做什么工作，这些都无法决定你快乐与否。关键是你在想什么，只要你想快乐，你就能快乐。举个例子，两个人有同样的地位，做同样的事，他们的收入也一样，然而其中一个很痛苦，另一个却挺愉快。为什么呢？因为他们两个所怀的心情不一样。我在赤道最炎热的天气里看见许多穷苦的农民用简陋的工具劳作，而他们脸上的快乐和在纽约、芝加哥或是洛杉矶装有空调的办公室里的人一样多。

"好与坏无从区别，"莎士比亚曾说过，"只是每个人的想法使然。"林肯有一次也说："大多数人所获得的快乐，跟他决心要得到的相差不多。"他说得不错。最近我在经过纽约长岛车站的石阶梯时找到了一个明确的印证。就在我前面，有三四十个行动不便的残疾孩子，他们拄着拐杖奋力地走上石阶梯，一个孩子还要有人抱着上去。可是他们的快乐、欢笑，使我感到惊奇。我和照顾这些孩子的一个负责人攀谈起来。"噢，是的。"他说，"当一个孩子意识到他的生命有残缺时，他最初会很震惊。但是，当他克服了恐惧后，他通常会接受命运的安排，然后就和一般的正常儿童一样快乐了。"

我真想脱帽对那些身有残疾的孩子们致敬，他们给我上了永远无法忘却的一课。

一个人如果在封闭的房间独自工作不仅会感到孤独，还会丧失和公司其他员工交往的机会。墨西哥西部城市瓜达拉哈拉的玛丽亚·格恩兹夫人就做着这样一份工作。当她听到同事们聊天和说笑的声音时，就很羡慕他们之间的友谊。刚开始工作的几周，她遇到他们时总是害羞得把目光转向别处。

几个星期后，她对自己说："玛丽亚，你不能指望别人主动接近你。

你必须走出去和他们交往。”等她再去冷饮室时，她带着最灿烂的笑容对遇到的每一个人说：“嗨，你好呀！”效果立竿见影。人们还以笑容和问候，走廊似乎更明亮了，工作气氛也更友好了。人们对她加深了解，有的还成为她的朋友。她的工作和生活变得更有乐趣。

细读随笔作家和出版人艾伯特·哈波德下面这条明智的建议——可是你要记住，你必须真正应用，如果你只是“看”，那是没有用的。

无论何时，当你走到户外的时候，把下巴往里收，抬头挺胸，深吸一口气；在阳光下喝酒；微笑着和朋友打招呼，跟他握手时，一定要认真。别怕误会，不要浪费哪怕一分钟分神去想你的仇敌。要在你心目中，确定你喜欢做的是什么，然后方向明确、勇往直前地达到目标。把心思放在你喜欢做的伟大的事业上，在以后的岁月中，你会发现你不断地抓住实现你愿望的机会，就像珊瑚虫从潮汐中获得它需要的养分一样。你要时时把自己想象成一个有能力和热情的人，一个你渴望成为的有用的人。你持有的信念会时时刻刻改变你，使你的人格渐渐变成你想象的样子……信念的力量是极其强大的。保持一种正确的心理状态——勇敢、坦诚和乐观的态度。正确的思考就是在创造。所有的事情都是由欲望而来的。每一个真诚的祈求者，都会得到回报。我们会成为我们内心所选的人。挺起胸抬起头，我们就是未来的主宰。

古代的中国人充满着智慧——洞察世情。他们有一句格言，你我应剪下来，贴在帽子里。那句格言是：“笑迎天下客。”

你的微笑是你美好愿望的信号。你的微笑能照亮别人的生活。对那些总看到人们皱眉、发愁或者漠然面孔的人来说，你的微笑就像拨云见日。尤其当有人处在他的老板、顾客、老师、父母或是子女的压力之下时，一个微笑能令他意识到生活不是那么绝望，世上还有欢乐。

几年前，纽约市一家百货商店为了缓解圣诞节期间售货员的工作压力，打出了这样一则富有哲理的广告：

圣诞节一笑的价值

它不费力气，却创造很多。

它使获得者受益，施予者也无损失。

它于瞬间发生，而有时在回忆中永存。

任何有钱的人没有不需要它的，而贫穷的人却因为它而富有。

它在家庭中能创造快乐，在商业中能制造好感，在朋友间，它是善意的招呼，它是疲惫者休息的驿站，是失望者的光明，是悲哀者的阳光，又是解除困扰的天然良方。然而，它无处可买，无处可求，无法去借，更不能去偷，因为在你尚未得到它以前，它对谁都没有用。如果在圣诞节最后一分钟的忙碌中，我们的售货员太疲倦了，以至于没有给你一个微笑，能不能留下你的微笑？

因为没有给人微笑的人，比其他人更需要微笑。

规则2：微笑。

3.记住对方的名字，否则，你会麻烦不断

回到 1898 年，纽约洛克兰村发生了一桩悲剧。那里有个小孩夭折了，出殡的那天，村里的人都准备去送葬。吉姆·法雷去马棚里拉一匹马出来。寒冬的地上积了一层厚厚的雪，寒气逼人。那匹马关在马棚里已经有多天了，它被拉到水槽时，高兴地直打转，把两条腿高高地举了起来，竟然踢死了吉姆·法雷。所以这个小村子在那一个星期里，举行了两桩葬礼。

吉姆·法雷去世以后，留给他妻子和三个孩子的，仅是几百元的保险金。

他的长子吉姆只有十岁，就去一家砖厂工作。他把沙土倒入模子中，压成砖瓦，再拿去太阳下晒干。吉姆没有机会接受更多的教育，可是他有天生达观的性格，使人们喜欢他。他后来从政，多年后，逐渐养成了一种记住人们名字的特殊才能。

吉姆从没有上过中学，可是到他四十六岁时，已有四个大学授予他荣誉学位。他还当选为民主党全国委员会主席和美国邮务总长。有一次，我去拜访吉姆·法雷先生，请教他成功的秘诀。他告诉我："努力工作！"我说："别开玩笑了。"他随即问我，我认为他成功的原因是什么。我回答说："我知道你能叫出一万个人的名字来。""不，你错了！"他说，"我大约可以叫出五万个人的名字。"没错。这种能力使吉姆在 1932 年帮助富兰克林·罗斯福赢得了竞选，入主白宫。当吉姆·法雷做石膏推销员和担任洛克兰村书记员的那些年中，他创造了一种记忆别人姓名的方法。

起初，这套方法很简单。无论何时他遇到一个新朋友，都会问清

楚对方的姓名、家庭情况、职业和政治观点。他把这些牢牢记在心里。下次再遇到这个人，即使已相隔了一年多的时间，他还能拍拍那人的肩膀，问候他的家人，谈谈那人家里后院的花草。难怪他得到了别人的追随。

罗斯福开始总统竞选前几个月，吉姆·法雷一天要写数百封信，分发给美国西部、西北部各州的熟人、朋友。随后，他搭乘火车，在十九天的旅途中，走遍了美国二十个州，行程一万二千英里，辗转于轻便马车、火车、汽车、轮船之间。吉姆每到一个城镇，都去找选民吃早餐、午餐、茶点、晚餐，作一次真诚的谈话，接着再赶往他的下一站。

等他一回到东部，立即给在各城镇的朋友每人写一封信，请他们把曾经谈过话的客人名单寄来给他。名单里的名字多得数不清，而名单上的每一个人都得到吉姆亲切而礼貌的复函。信通常以“亲爱的比尔”或者“亲爱的简”开头，最后署名总是“吉姆”。

吉姆·法雷很早就发现，一般人对自己的姓名更感兴趣，超过了世界上所有的姓名加在一起的总和。记住一个人的姓名，自然地叫出来，就是在对他进行微妙的恭维和赞赏。但是反过来讲，把那人的姓名忘记，或是叫错了，你就把自己置于一种不利的境地。比如，我在巴黎曾经组织过一个演讲的讲习班，给所有居留巴黎的美国人发去了套用信函。法国打字员显然英文水平很差，填打姓名时就不可避免地发生了错误。其中有个讲习班的学员，是美国一家大型银行驻巴黎的经理，我接到他一封严厉的批评信，原来他的姓名字母被拼错了。

有时，记住别人的名字不太容易，尤其是当名字的发音很困难时。于是许多人便不肯费心去记住别人的名字，或者干脆用昵称来称呼别人。西德·利维要去拜访一个名叫尼科戴莫斯·帕帕多勒斯的顾客。大多数人都称呼他“尼克”。利维告诉我们：

在我称呼他之前，我特别努力地对自己念了几遍他的名字。当我问候他时，我叫出了他的全名：“下午好，尼科戴莫斯·帕帕多勒斯先生。”他惊呆了，好像过了几分钟他才反应过来。终于，泪水从他的脸上流淌下来，他激动地说：“利维先生，我在这个国家住了十五年了，除了你，没有人肯努力地称呼我正确的名字。”

安德鲁·卡耐基是如何成功的？他被人称做“钢铁大王”，可是他对钢铁制造懂得并不多。而上千个替他工作的人，他们对钢铁的制造要比安德鲁·卡耐基更内行。

但是安德鲁·卡耐基懂得如何与人打交道，这是他致富的原因。早年他就已显出超常的组织本领和领导天才。十岁的时候，他已经发现人们对自己的姓名非常重视。他利用这个发现赢得了合作。比如下面这个例子。他还是个苏格兰小男孩的时候，曾经抓到了一只兔子，是只母兔。很快，他就有了一窝小兔。可是，他找不到可以喂小兔吃的东西。但是安德鲁·卡耐基想出了一个聪明的主意。他跟邻近的那些小孩子说，如果谁去采来足够小兔吃的苜蓿和蒲公英，小兔就用谁的名字命名。

这个计划功效甚妙，安德鲁·卡耐基永志不忘。

多年后，他做生意时运用了同样的心理学技巧，赚了数百万元。例如，他要将钢轨销售给宾夕法尼亚铁路局，埃德加·汤姆森任铁路局局长。安德鲁·卡耐基就在匹兹堡建造了一家大钢铁厂，命名为“埃德加·汤姆森钢铁厂”。

你猜猜看，宾夕法尼亚铁路局采购钢轨时，埃德加·汤姆森会从哪里购买？

有一次，当卡耐基和乔治·普尔曼竞争铁路卧车业务时，这位钢铁大王又想起了兔子的教训。

安德鲁·卡耐基负责的中央运输公司和普尔曼所经营的公司是竞争对手，双方争取太平洋联合铁路的卧车业务，互相排挤，接连压价，几乎已经无利可图了。卡耐基和普尔曼都去纽约见太平洋联合铁路局的董事。那天晚上，卡耐基在圣尼古拉斯大饭店遇到了普尔曼，他这样说:“晚上好，普尔曼先生，我们两个人是不是在让自己变成傻瓜？”

“你这是什么意思？”普尔曼问。

于是卡耐基说出他的想法——把双方的业务合并起来。他描绘了双方合作的美好前景和优势，而不是互相竞争。普尔曼认真地听着，但是他并没有完全认可。最后他问：你准备取什么名字？”

“这家新公司，”卡耐基马上回答，“那当然用普尔曼皇宫汽车公司了。”普尔曼的脸上放光。“到我房里来，”他说，“让我们详细谈谈！”就是那一次谈话，改写了美国工业的历史。安德鲁·卡耐基铭记和尊重朋友、商业合作伙伴名字的策略是他具有领导力的一个秘诀。他引以自豪的是他能叫出很多工人的名字。他常得意地说，他亲自处理公司业务的时候，他的钢铁公司从没有发生过罢工的情况。

本顿·拉夫是得克萨斯州商业银行的主席，他认为公司的规模越大就会变得越冷漠。“让公司变得温暖的一个办法，”他说，“是记住人们的名字。那些告诉我他记不住员工名字的经理就是在说他不能记住工作的重点，手下是一盘散沙。”

加利福尼亚的卡伦·凯池是美国环球航空公司的空中小姐，她在工作中尽可能地记住机舱里乘客的名字，并在为他们服务的时候称呼他们的名字。结果乘客们对她的服务给予了很多表扬，有的直接夸奖她，有的则反映到航空公司。一个乘客写道：“我有一段时间没有乘坐美国环球航空公司的飞机了，但是从现在起我决定今后只乘坐你们公司的飞机。你的服务让我感觉到你们的航空公司是人性化的，这对我非常重要。”

人们都为自己的名字感到骄傲，所以不惜代价希望名字能够永存。就连狂暴无情的老巴纳姆，作为当时最伟大的马戏团老板，也仍然会因为没有儿子继承他的名字而灰心丧气。他愿意提供给外孙 C.H. 西利两万五千美元，只要他能把名字改为巴纳姆·西利。

许多世纪以来，贵族和有钱人常给那些艺术家、音乐家和作家们资金的支持，这样他们创作出来的作品就会题献到他们的名下。

图书馆、博物馆有丰富的收藏，常常是那些希望自己的姓名永远延续下去的人捐赠的。纽约公共图书馆有埃斯特和莱侬克斯的收藏。首都博物馆永留着本杰明·阿特曼和J.P.摩根的名字。几乎每座教堂都装饰着记录捐赠人名字的彩色玻璃。大多数大学中都有许多建筑物上镌刻着巨资捐助人的名字。

大多数人记不住别人的名字，最简单的原因是他们没有时间和必要的精力去集中精神重复、牢记姓名于心中。他们为自己找的借口是：他们太忙了。

但是他们大概不会比富兰克林·罗斯福更忙。罗斯福会花时间去牢牢记住别人的姓名，即使是一个刚认识的技工。

事情是这样的：罗斯福先生因为双腿瘫痪无法驾驶普通汽车，克莱斯勒汽车公司便替他制造了一辆特殊的汽车。W.F.张伯伦和一位技工将这部车子送到白宫。我这里有一封信，记载着张伯伦对当时情形的描述。

我教罗斯福总统如何驾驶这辆有许多特别装置的汽车，而他却教了我许多待人处世的艺术。

我到白宫的时候，总统非常愉快。他直呼我的名字，使我感到十分欣慰。让我印象特别深刻的是，当我演示和解释有关这部车子的每一个细节时，他都怀着极大的兴趣。这部车子经过特殊设计，能完全用手驾驶。一大群人在围观那辆汽车。罗斯福总统在众人面前说："我认为这部车子是一项奇迹，你要做的只是按下钮键，它就能自己开动，可以毫不费力地驾驶。我觉得它实在太好了——我不清楚其中的原理，真希望有时间拆开看看，它是如何装配而成的。"

当罗斯福的朋友们和白宫的官员们赞美这部车子时，他又说："张伯伦先生，我真感谢你为这部车花费的时间和精力。这是一项无可挑剔、极其完美的工作。"他夸奖辐射器、特别反光镜、照明灯、椅垫的式样、驾驶座的位置、衣箱里有不同标记的特殊衣柜。也就是说，罗斯福总统注意到了车子里我费心设计的每一个细节。他特别把这些设备指给罗斯福夫人、劳工部长和他的女秘书波金斯看。他还向旁边的黑人侍从说："乔治，你要好好照顾这些经过特殊设计的衣箱。"

当我把有关驾驶方面的问题讲清之后，总统对我说："好了，张伯伦先生，我已经让中央储备董事会等了三十分钟了，我想我应该回去工作了。"

我带了一位技工去白宫，他到达时，我把他介绍给罗斯福总统。他没有同总统谈话，罗斯福总统听到一次他的名字。这位技工是个怕羞的人，一直躲在后面。当总统要离开时，他找到这个技工，跟他握手，叫他的名字，感谢他来华盛顿。总统对这个技工的致谢，并不是敷衍了事，我可以感觉到他是真心诚意的。

回到纽约几天以后，我接到罗斯福总统亲笔签名的相片和一封再次对我的帮助表示感谢的短笺。他如何能抽出时间来做这件事，对我来说真是个谜。

富兰克林·罗斯福知道一种最简单、最明显而又最重要的获得好感的方法，那就是记住对方的姓名，使别人感到自己受到了重视——可是，我们中有多少人能这样做？

当一个陌生人被介绍给我们认识，我们交谈了几分钟，但道别时就已把对方的姓名忘得干干净净。一个政客上的第一课，就是："记住选民的姓名，是你的才能；忘记他们的名字，你自己也会被遗忘。"记忆姓名的能力，在事业、社交和政治上几乎是同样重要的。法国皇帝拿破仑三世，就是伟大的拿破仑的侄儿，曾经自夸说，尽管国事很忙，可是他能记住他所见过的每一个人的姓名。他的技巧是什么？很简单。如果他没有听清楚，就说："对不起，我没有听清楚。"如果是个不常见到的姓名，他就问："这字如何拼写？"在谈话中，他会不厌其烦地把对方姓名反复记忆好几次，同时在他的脑海里，把这人的特点、表情和外貌联系起来。

如果这人是重要人物，拿破仑三世就更费心了。在他独自一人的时候，他会把这人的姓名写在纸上，仔细地看着，记在心中，然后把纸撕了。这样一来，他眼睛看到的印象，就跟他耳朵听到的一样了。

这些都要花费时间，但爱默生说：“良好的礼貌是由小小的牺牲组成的。”

记住并称呼别人的名字非常重要，它并不是国王和公司经理才有的特权。它对我们所有的人都适用。肯·诺丁汉是印第安纳州摩托总公司的员工，经常在公司的咖啡室里吃午餐。他注意到柜台后工作的一位女士总是面带愁容。诺丁汉接着讲述了这个故事：

她做三明治已经两个小时了，而我对于她来说不过是另外一块三明治而已。我告诉她我需要什么。她按重量切了一小块火腿，上面加了一片生菜叶和一点番茄酱，然后递给我。

第二天，我还是排在同一行队伍里。同一个女子，同样的愁容。唯一不同的是我注意到了她的名字。我微笑着说：“你好，尤妮斯。”然后我告诉她我需要什么。哦，她没有称火腿的重量，而是在盘子里堆满火腿，给了我三片生菜叶，浇在上面的番茄酱流到了盘子上。

我们应该明白名字中蕴藏的魔力，意识到我们所交往的人的名字是他能完全、彻底拥有的一个组成部分，没有别人能拥有它。姓名使人与人区别开来，它让它的主人与众不同。当我们尊重别人的名字时，我们传递的信息或是提出的要求会使对方产生一种特殊的被重视的感觉。在我们与人交往时，无论对方是女招待还是资深经理人，名字都会发挥神奇的作用。

规则 3：记住，一个人的名字是他听到的所有语言中最甜蜜、最重要的声音。

4.学会倾听，成为良好的沟通者

前段时间，我参加了一个有关桥牌的聚会。我不会玩桥牌，有一位女士也不会玩桥牌！她得知我在洛厄尔·汤姆斯从事无线电事业前，做过他的助理。那时汤姆斯到欧洲各地去旅行，我的工作是帮助汤姆斯准备旅行途中的演讲。所以这位女士问我：“噢，卡耐基先生，我非常想知道你去过哪些名胜。”

我们在沙发上坐下后，她提到最近她跟她丈夫去了一次非洲。“非洲！”我惊讶地说，“那多么有趣！我总想去非洲，可是除了在阿尔及尔停留过二十四小时之外，我没有去过非洲其他地方。快告诉我，你去过哪些地方？你多幸运啊！我真羡慕你。你能告诉我关于非洲的情况吗？”

那一次谈话持续了四十五分钟，她不再问我到过什么地方，看见过什么东西。她再也不谈论我的旅行。她所需要的，是一个专心的倾听者，听她讲述她到过的地方，借此来彰显自我。这是她特殊的性格所致？不，许多人都像她一样。

比方说，我最近在纽约一个出版商的宴会上，遇到一位著名的植物学家。我从没有接触过植物学家，我觉得他很有吸引力。那时我毕恭毕敬地坐在椅上仔细静听他讲述奇异的植物和培植新品种植物的经验，以及布置室内花园，等等（他还告诉我令人惊奇的马铃薯的知识）。我自己有个小型的室内花园，他非常热情地告诉我，如何解决我的几个问题。

我刚才提到，我们是在宴会中认识的，还有十几位客人在座，可是我很失礼地忽略了其他所有的人，而与这位植物学家谈了几小时之久。时间到了午夜，我向每个人告辞。这位植物学家在主人面前，对我非常推崇，说我是“最活跃的人”，认为我这也好那也好，最后，他评价说，我是“一个最有趣的谈话对象”。

一个最有趣的谈话对象？为什么？我知道自己几乎没怎么说话！如果我们不转换话题的话，我就不可能有什么可说的。因为我对植物学方面知道得太少了。不过我做到了这一点，那就是仔细地静静地听。我听得认真是因为我对他所讲的，确实有浓厚的兴趣，而且他也感觉到了，所以很自然地高兴了起来。那种倾听，是我们对人一种尊敬和恭维的表示。杰克·伍德福特在他的《陌生人之恋》一书中，曾经这样说过：“很少有人能抗拒那种全神贯注的注意中所包含的谄媚。”我做得还不止这些，我做到了“热衷于赞扬并慷慨地送上我的嘉许”。

我告诉那位植物学家，我得到他很多的指导——这是事实。我希望拥有他那样丰富的学识，希望能同他一起去田野散步，我希望能再见到他——我真心希望如此。

因此，他认为我是一个善于谈话的人，事实上，我不过是一个好听众，并且善于鼓励他谈话而已。

一次成功的生意会谈，秘诀是什么？那位哈佛前校长查尔斯·埃利奥特是这样说的：“成功的生意往来没有什么神秘的诀窍……专心静听对方的话，那是最重要的。没有什么奉承话能比这个更重要！”埃利奥特本人就是一个懂得倾听艺术的人。美国早期最伟大的小说家之一的亨利·詹姆士回忆说：“埃利奥特博士的聆听不是一言不发，而是一种行动的方式。他坐的时候后背笔直，双手放在腿上，除了或快或慢地转动大拇指之外没有其他的动作。他面对谈话者，好像不仅是用耳朵，也是在用眼睛倾听。你说话的时候，他用心聆听，并注意思考你的措辞……在会面结束后，和他交谈的人会感觉到他已经掌握了谈话的主旨。”

不言而喻，是不是？你不一定非要在哈佛大学学习四年才能发现这个道理。然而，我们都知道有很多百货商店的老板租用了豪华的店面，购进经济实惠的商品，把橱窗打扮得非常吸引人，在广告方面投入巨资，可是他们雇用的，却是那些不愿意静听顾客讲话的店员——那些店员打断顾客的话、反驳顾客、激怒顾客，几乎要把顾客从商店里赶出去！

芝加哥一家百货商店因为一个售货员不懂得倾听，差点失去了一个每年在店里消费几千美元的老顾客。哈瑞艾特·道格拉斯夫人在芝加哥上过我们的课。她买了一件特价外衣，等她把衣服拿回家后才注意到衬里有一个口子。第二天她返回商店要求售货员给她另换一件。售货员既不听她的抱怨，也不给她换衣服。“你买的衣服是特价的，”售货员一边说一边指着墙上的一个标志，“念念这个，‘售出商品概不退换’。你一旦买了，就得要。你自己缝缝不就行了吗？”

“但这一件是破损的商品呀。”道格拉斯夫人抱怨道。“那都一样。”售货员打断她的话，“不能退换就是不能退换。”道格拉斯夫人决定愤然离去，从此再也不来这家商店了。正在这时，百货商店的经理看见了她，和她打招呼，经理知道她是多年的老顾客了。道格拉斯夫人告诉了她事情的经过。

经理认真地听完整个事件，又检查了那件外衣然后说：“特价商品是不能退换的，所以我们才在换季的时候低价处理。但是‘不予退换’的原则不适用于破损商品。我们一定会把这个口子修补好，或者，如果您愿意，可以给您退款。”

多么不同的处理方式！如果那位经理没有走过来听顾客的抱怨，就会永远失去一个忠诚的顾客。

倾听在人们的家庭生活中和在商业活动中一样重要。米莉·伊斯波斯特住在纽约哈德逊河。孩子想和她说话时，她做到了像工作时一样倾听。一个晚上，她正和她的儿子罗伯特坐在厨房里。在和母亲讨论了自己的某些想法后，罗伯特说：“妈妈，我知道你特别爱我。”

伊斯波斯特夫人心头一震，说：“当然，我非常爱你。难道你怀疑过么？”

罗伯特回答说：“不是。我确定你爱我，因为无论什么时候我和你说话，你都会停下手中的事听我说。”

即使是最爱挑剔的人，最激烈的批评者，也往往会在一个有耐心和同情心的倾听者面前软化下来——这位倾听者，必须在寻衅者像条大毒蛇一样张开嘴巴的时候保持安静。有这样一个例子。几年前，纽约电话公司碰上了一个最不讲理的顾客。他甚至责骂客户服务代表。他咒骂，他咆哮。他威胁要把电话连根拔掉。他拒绝付款，因为他认为电话公司的计费有误。他要写信给报社，他要向公众服务委员会投诉。这位客人还针对电话公司提起了数起诉讼。

最后，电话公司派出一位最富经验和技巧的“纠纷调解员”，去拜访这位不讲理的客人。这位电话公司的“纠纷调解员”做到了静听，以便让这位好争论的顾客尽情发泄他满肚子的牢骚。“纠纷调解员”所有的回答也都是“是的”，并且表示同情顾客的委屈。

在我们的课堂上，这位“纠纷调解员”介绍了当时的情形：

他不断地咆哮，而我静静听了差不多有三个小时。后来我又去他那里，听到了更多的牢骚。我前后访问了他四次。在第四次访问结束之前，我已经成为他发起的一个组织“电话用户保障会”的创始会员。现在我还是这个组织的会员，可是据我所知，除了这位顾客外，我是唯一的会员。

在这些访问中，我还是静静听着，并对他所举出的每一点理由表示理解。电话公司里的客户代表，从没有人这样跟他说过话，而他对我的态度也渐渐友好起来。前三次会面中，我对我的要求只字不提，最后在第四次，我把这件事了结了。他把所有的账款都付清，而且第一次从公众服务委员会撤销了他的申诉。

毫无疑问，这位先生自认为是为社会公义而战，保障公众的权益免受无理的剥削。可是，实际上他所要的是受重视的感觉。他最初用挑剔抱怨的方式去获得这种重视感，但是当他从电话公司代表身上获得了尊重后，他那些不切实际的委屈也就烟消云散了。

几年前的一个早晨，有位愤怒的顾客闯进德特摩毛纺公司创办人朱利安·德特摩的办公室。

德特摩先生对我解释说：

这人欠了我们一点钱。虽然这位顾客不肯承认，可是我们知道错的是他，所以我们信用部坚持要他付款。他接到我们信用部几封信后，就收拾行李来芝加哥。他匆忙地闯进我的办公室，通知我说，他不但不付那笔钱，而且以后再也不会从我们德特摩毛纺公司进货了。

我耐心地听他说话，有好几次，我控制不住差点要打断他，可是我知道那样做并不聪明。于是，我尽量让他发泄。最后，他这股怒气慢慢平息下去可以听进我的解释时，我安静地说："我感激你来到芝加哥告诉我这件事。你帮了我一个很大的忙，因为如果我们的信用部得罪了你，相信他们也会得罪其他的顾客，那就太糟糕了。相信我，我还想听到你更多的建议。"

他怎么也不会想到我会讲出那些话来。我想他可能会感到有点失望。他来芝加哥的目的是向我告状的，可是我却感谢他，而没有反驳他。我告诉他，我们会把那笔账一笔勾销，因为他是个非常细心的人，需要检查的只是一份账目，而我们的职员却要处理成千上万份的账目，所以我们比他更容易出错。

我告诉他，我很了解他的心情，如果换了是我，肯定也会有他这样的想法。既然他不再买我们公司的货物，我十分诚恳地推荐了其他几家毛纺公司。

过去他来芝加哥时，我们经常在一起吃午餐，所以那天我也请他吃饭。他勉强地答应了。但午餐后我们回到办公室，他给了我一个比过去大得多的订单。他怀着平静的心情回到家，想和我们一样公平地处理这件事，于是他仔细地查看他的账单，终于找出一份放错了地方

的账单。于是他把那笔欠款寄来，还附了一封道歉信。

后来他妻子生了个男孩，他就给他儿子取名“德特摩”。从此到二十二年后他去世，他一直是我们公司的忠实主顾和朋友。

多年前，有个穷苦的从荷兰移民来的小男孩，在学校下课后替一家面包店擦窗户，每星期赚五毛钱。他家里非常贫苦，所以他常常每天提着篮子，去水沟捡从路过的煤车上掉下来的煤块。这孩子叫爱德华·鲍克，一生所受的教育没有超过六年，可是后来却成为美国新闻界历史上最成功的杂志编辑之一。他是怎么做到的？说来话长，但我们可以简单讲述一下他是如何开始的。他用本节所提出的倾听原则开始了他的事业。

他十三岁离开学校，在西联公司里打杂，但是他从来没有放弃过接受教育的梦想。他开始自学，把坐车和午饭的钱省了下来，买了一本美国名人传记，然后他做了一件人们闻所未闻的事。爱德华·鲍克把美国名人传记详细研读过以后，就写信给他们，请求他们多告诉他一点关于他们童年时候的情况。鲍克有一种善于倾听的本质，他希望那些名人多谈谈他们自己。他写信给当时正竞选总统的詹姆士·加菲尔德将军，问他是不是真的做过运河上拉纤的童工，加菲尔德给他一封回函。鲍克又写信给格兰特将军，问他有关一次战役的情形，格兰特将军在回信中画了一张详细的地图，还邀请这个十四岁的小男孩吃饭，和他聊了一个晚上。

很快，这个原来在西联公司传信的小男孩和国内许多著名的人物通信，像拉尔夫·沃尔多·爱默生、奥利弗·温德尔·福尔摩斯、朗费罗、阿伯罕姆·林肯夫人、路易莎·梅·奥尔科特、谢尔曼将军和杰斐逊·戴维斯等。他不只是跟那些名人通信，而且只要他一放假，就去拜访他们，成为受欢迎的客人。鲍克的经验给了他无比的自信心。这些名人改变了他人生的理想和志向。所有这些，都是由于运用了我们正在讨论的这个原则——倾听。

访问过不少成名人物的记者艾萨克·马可逊认为许多人不能给人留下好印象的原因，是由于不会倾听。“这些人太关注于自己下面所要说的是什么，因此没有打开耳朵听别人说话……有个重要人物曾告诉我说，他们喜欢那些静静听着的人，而不是善于谈话的人。和其他的优秀品格相比，具有倾听本领的人似乎很少见。”

不只是大人物才喜欢善于静听的人，普通的人也如此。正如《读者文摘》所说的：“很多人找医生，他们需要的不过是个听众。”

在美国国内战争情况最黑暗的时候，林肯写了封信给伊利诺伊州斯普林菲尔德镇的一位老朋友，请他来华盛顿。林肯说有些问题需要跟他讨论。这位老邻居来到白宫,林肯跟他说了几个小时关于发表《解放黑奴宣言》的问题。

林肯跟他谈到对这项行动所有赞成和反对的理由，然后念了些来信和报上的文章，有的由于他不解决黑奴问题而谴责他，有的批评他是怕他解放黑奴。谈了几小时后，林肯和这位老邻居握手道别，送他回伊利诺伊州。林肯甚至没有征求这位老朋友的意见，所有的话都是他自己说的，这似乎帮助他理清了思路。“林肯跟我谈过话后，他的神情似乎舒适、轻松了不少。”这位老朋友说。林肯并不需要这位老朋友的建议，他需要的是友善、有同情心的听众，以排解内心的苦闷。这也常常是那些愤怒的顾客、不满意的员工、受伤害的朋友所需要的。

现代社会中最伟大的倾听者是弗洛伊德。一个见过弗洛伊德的人这样描述他倾听的样子：

我被他深深地感动了，以至于我永远也不会忘记他。他具有我在他人身上从没见过的品格。我从没有见过一个人这样专心致志。他的眼神是柔和亲切的，他的声音低沉而友好，他的手势不多，但是他给予我的关注，他对我的观点表示欣赏的方式与众不同，即使我语言表达得很糟糕。你无法体会像那样被别人倾听的感觉。

如果你想知道如何使人远远躲开你、在背后嘲笑你，甚至轻视你，有个很好的办法：你永远不要仔细听任何人讲话，不断地谈论你自己。如果别人正说话时，你有了见解，不要等对方把话说完，打断他，说出你自己的观点。

你曾遇到过那种人吗？很不幸的，我碰到过。奇怪的是，其中有些人还是社交界的名人。

令人讨厌的人，这就是他们给人的印象——他们陶醉于自我之中，只在乎他们自己的感受。

只谈论自己的人，就会考虑他们自己。“那些就会考虑他们自己的人，”哥伦比亚大学校长、教育家尼古拉斯·默里·巴特勒博士说，“这种人无药可救。无论他曾接受过什么样的教育，仍然跟没有受过教育一样。”

所以，如果你要成为一个良好的沟通者，你需要先成为认真的聆听者。要使别人对你感兴趣，先要对别人感兴趣。问别人喜欢回答的问题，鼓励他们谈谈他们自己和他们的成就。

记住：跟你说话的人对他自己的需要和问题，比对你的问题有兴趣百倍。一个人的牙痛对他来讲，要比发生天灾死了数百万人还重要得多。他对自己脖子上的一个小疖子的兴趣，比注意四十次非洲地震还要多。下次当你开始谈话时，要记得这一点。

规则 4：做一个善于倾听的人。鼓励他人谈论他们自己。

5.如何引起他人的兴趣

每一个去奥斯特湾拜访过西奥多·罗斯福的人，都会对他渊博的学识感到惊奇。无论是一个牧童或骑士，政客或是外交家，罗斯福都知道应该跟他说些什么。他是怎么做到的呢？答案很简单。无论何时，在接见来访的客人之前，罗斯福都会了解那位客人特别感兴趣的话题，并熬夜阅读相关材料。

因为罗斯福和其他领导人一样，知道深入人们内心的最佳途径，就是谈论他最感兴趣的事物。

和蔼可亲的耶鲁大学文学院教授、随笔作家威廉·里昂·费尔普斯早年就知道这个道理。他在一篇随笔《人类的天性》中这样写道：

在我八岁的时候，有个周末去姑妈利比·林斯雷家度假。她住在哈瑟特尼克河上的斯特拉特福德市。一天晚上有位中年人也去我姑妈家，他跟姑妈礼貌地寒暄过后，就把注意力放到我身上。那时，我正巧对帆船有极大的兴趣，那位客人谈到这话题时，似乎也特别感兴趣。他走了以后，我对姑妈兴奋地谈起这位客人。这人真不错！姑妈告诉我他是纽约的一位律师，他不关心帆船的事——哪怕一点兴趣也没有。我问："可是他为什么一直说帆船的事呢？"

姑妈回答说："他是一位绅士。他发现了你对帆船的兴趣，所以就陪你谈论帆船让你高兴。他自己也会因此受到欢迎。"

我从来没有忘记姑妈所讲的那些话。

当我在写这一个章节时，我面前有一封信，那是热心童子军工作的爱德华·查里夫先生寄来的。查里夫在信中这样写道：

有一天，我发现我需要别人的帮助，在欧洲举行一次童子军大会。我想请美国一家大公司的总裁资助我一个童子军的旅费。

幸运的是，在我去见那位大老板之前，我听说他曾签出过一张百万美元的支票。那张支票被取消后，他把它装入镜框，作为纪念。

所以我走进他办公室的第一件事，就是请求他让我观赏那张支票。一张百万美元的支票！我告诉他，我以前从没有听说有人开出过这样一张支票，我要跟我那些童子军们讲，我的确见到了一张百万美元的支票。他很高兴地取出来给我看。我一边赞美一边请他告诉我开出这张支票的经过。

你注意到没有？查里夫先生开始并没有谈及童子军的事，或者那次欧洲大会，或者是他自己的要求，而只是谈对方最感兴趣的事。其结果是：

我拜访的那位总裁随后问我："哦，顺便问一下，你找我有什么事吗？"于是我就告诉他我的来意。

真是出乎我的意料，他不但立即答应我的要求，而且远远超出了我原来的要求。我只希望他赞助一个童子军去欧洲，可是他愿意资助五个童子军和我一起去欧洲。他签了一张千元外汇银行信用函，让我们在欧洲住七个星期。他又为我写了几封介绍信，让欧洲各分公司的经理好好照顾我们。

继后，他在巴黎亲自接待我们，带领我们游览全市。从那以后，他还给几个家境清寒的童子军提供了工作。他现在还积极地参与我们这个童子军团体的活动。

然而我知道，如果事前没有找出他的兴趣所在，使他先高兴起来，我不可能这样顺利地跟他接近的。

在商界，这也是一种有价值的方法。让我们看看，以纽约面包批发公司亨利·杜佛诺伊公司为例吧。

杜佛诺伊先生希望把自己公司的面包卖给纽约的一家大饭店。四年来，他几乎每星期都去找那家饭店的经理。那位经理去哪家交际场所，他也跟着去。他甚至在那家饭店租了一间房间住下，就为了能做成生意，可是他失败了。

杜佛诺伊先生说：

后来，我研究了人际关系，才知道应该改变策略。我决定想办法找出他最感兴趣的事——那些他热衷的事。

我发现他是一个酒店经理社团——美国饭店迎宾者协会的会员。他不但是会员，由于热心于协会的事情还被推举为该协会和国际迎宾者协会的主席。不论开会地点在哪里，他都会去。

所以我在第二天见他的时候，开始谈论迎宾者协会的情况。没想到他的反应非常热烈！非常热烈！他跟我讲了半小时关于协会的事。他说话的声调是那么兴高采烈，我很容易就能看出来，那个社团不仅是他的爱好，也是他生活中最有激情的部分。在我离开他的办公室前，他许诺让我加入他们的组织。那时我并没提到面包的事，但是几天后，他饭店的负责人打电话给我，让我把面包的价目和样品送过去。“我不知道你对那老头儿做了些什么，”负责人和我打招呼，“可是他确实被你说服了！”

想想吧！我在他身上花了四年的时间，想要做成生意。如果不煞费苦心找出他的兴趣所在和他喜欢谈论什么，我可能还在他耳边聒噪呢。

马里兰州哈格斯镇的爱德华·哈里曼服完兵役后，定居在马里兰州美丽的坎伯兰山谷。很不走运，那时这个地方没有什么合适他的职位。经过一番调查，哈里曼发现原来这个地区的很多公司或属于、或受控于一个不同寻常的商人 R.J. 芬克哈瑟，此人从贫穷到富有的经历让哈里曼先生很感兴趣。人们都知道他是求职者难以接近的人。哈里曼先生写道：

我询问了很多人，发现他最大的兴趣是扩大他的权力和财富。他聘用了一个认真而严厉的秘书，以避免像我这样的求职者的打扰。于是我开始研究这位秘书的兴趣和愿望，没有事先打招呼就径直去了她的办公室。十五年来，她一直尽心尽力地跟随芬克哈瑟先生。当我告诉她我有一个建议可以使芬克哈瑟先生获得经济上和政治上的成功时，她表现得很热情。我也谈到了她富有建设性的工作成就了芬克哈瑟先生的事业。这次谈话后，她为我安排和芬克哈瑟先生见面。

我走进他宽大而气派的办公室，打定主意不直接向他提出求职的事。他坐在一张雕花的办公桌后，声如洪钟："有什么事，年轻人？"我说："芬克哈瑟先生，我相信我能够为你赚钱。"他立刻起身邀请我坐在一个装有软垫的椅子上。我列出了我的理想和我用以实现理想的各种素质，以及我提到的所有这些将如何为他个人和他的商业成功效劳。

当他知道我的名字以后，立刻雇用了我。二十多年来，我发展了他的企业，我们两个都成功了。

按照他人的兴趣确定你的话题，会让双方都获益。员工沟通领域的先驱霍华德 · 赫兹格总是遵循着这一原则。当被问到他从中获得了什么回报时，赫兹格先生回答说，他不仅从每个人身上获得了不同的回报，而且，总体上说，每一次交谈的回报都会扩展他的生活。

规则 5：按照他人的兴趣确定你的话题。

6.如何让人们立刻喜欢上你

我在纽约的三十三号街第八号路的邮局里，排队等着发一封挂号信。我注意到那个邮务员对他的工作显得很苦恼——称信的重量，递出邮票，找给零钱，发收据——年复一年重复的单调工作。于是我对自己说："我要去试一试让那人喜欢我。显然，要让他喜欢我，我必须说些好听的，不是关于我的，而是关于他的。"接着我又问自己："他有什么地方值得真诚的赞赏呢？"这是个很难回答的问题，尤其对素昧平生的陌生人。不过这一次我很容易发现这个邮务员身上值得称赞的东西。

当他称我的信时，我很热情地说："我真希望有你这样一头好头发！"

他抬起头，惊讶中带着笑意。"噢，没有以前那样好了！"他有礼貌地回答。我肯定地告诉他，头发或许没有过去光泽，不过现在看来仍然很美观。他非常高兴，我们愉快地谈了几句，最后他对我说："许多人都称赞过我的头发。"

我敢打赌，那位邮务员出去吃午饭的时候一定会得意洋洋。我敢打赌，晚上回到家里，他会告诉妻子这件事。我敢打赌，他会对着镜子说："真是一头漂亮的头发。"我有一次在公共场所讲过这个故事，后来有人问我："你想从那个邮务员身上得到些什么？"我想得到什么？我想从他身上得到些什么？如果我们这么卑鄙而自私，不从别人身上得到什么，就不愿意给予别人一点快乐或是真诚的赞许，假如我们的心胸比一个酸苹果还小，我们理应遭受失败。噢，是的，我确实想从那人身上得到些什么！我想要获得一些无价的东西，而我已经得到了。我得到了满足感，因为我做了一件不需要他报答的事。这种感觉即使过了很久以后，仍然会在回忆中流淌和歌唱。

人们的行为有一条首要的定律。如果我们遵守这项定律，不仅不会遇到麻烦，还会拥有无数的朋友和持续的快乐。如果违反了那条定律，我们就会遭遇无尽的困难。这项定律是：永远使别人感觉受到了重视。正如我们前面提到过的约翰·杜威教授的话，人性中最内在的冲动是“受重视的愿望”。威廉·詹姆士博士说：“人类天性中最深刻的动机是渴望被赏识。”就像我曾经指出的，就是这种强烈欲望使人区别于动物。就是这种强烈欲望推进了人类的文明。

千百年来，哲学家们一直在思考人际关系的法则，而所有的思考最后只引证出一条重要的定律。那条定律不是新的，它跟历史一样古老。三千多年前，索罗埃斯特在波斯把那条定律教给所有拜火教教徒。二十四个世纪前，孔子在中国宣讲它。道教始祖老子在函谷关这样教导他的门徒。公元前五百年，释迦牟尼在神圣的恒河岸边宣讲那条定律。而在此前一千年，印度教的圣书中也这样教育教徒。耶稣把它综合在一个思想中——那或许是世界最重要的一条定律：“你希望别人怎样对待你，你就该怎样去对待别人。”

你想让跟你接触的人都认同你。你想要别人承认你真正的价值。你想在你的小世界里获得受重视的感觉。你不希望得到廉价的、不真诚的阿谀奉承，你渴求真诚的赞赏。你希望你的朋友，就像施瓦布所说的，“热衷于赞扬并慷慨地送上他们的嘉许”。我们所有的人都需要这些。

所以让我们遵守这条金科玉律，你希望别人怎样对待你，你就该怎样去对待别人。

如何做？何时做？在什么地方做？答案是：随时随地。

威斯康星州奥克莱尔市的大卫·史密斯告诉我们，在一个慈善音乐会上，当他被要求负责冷饮摊时，他是如何处理的。

音乐会的晚上我到了公园，看见两个年纪稍大的女士站在冷饮摊旁，情绪很糟糕。很显然，她们都认为自己应该负责这项工作。当我站在那里考虑我该做些什么时，组委会的一个成员出现了，递给我一个捐款箱并感谢我接受这项工作。她把罗斯和简介绍给我做助手后就跑掉了。

接着是一段长时间的沉默。我意识到捐款箱也是一种权威的标志，就把箱子递给罗斯并解释说我也许不应该直接保管现金，如果由她保管，我认为更好。然后我建议简给两个分派到冷饮摊帮忙的十几岁的孩子示范如何操作冷饮机，我请她来负责这项工作。

那天晚上很愉快。罗斯快乐地数着钱，简指导着孩子们，而我欣赏了音乐会。

你不必一定要等到任职驻法大使或是当上了某个社交团体委员会的主席时，才运用称赞别人的哲学方法。你几乎每天都可以让它发挥神奇的功效。

比如，如果我们点了法式炸薯片，而那个女招待给我们端来了煮熟的马铃薯，我们不妨这样说："对不起，麻烦你了，但是我喜欢的是法式炸薯片。"她可能会回答："一点也不麻烦。"并且乐意替你去更换，因为我们先尊重了她。

平时的客气话，像"对不起麻烦你……"、"你能费心……"、"你会介意吗？"、"谢谢你！"，这些简短的话像润滑油一样，缓和了单调的日常生活中的冲突，同时也表现出一个人的良好素质。

让我们再举个例子。美国著名小说家霍尔·凯恩的作品——《基督徒》、《法官》、《马恩岛人》，等等——在 20 世纪初都是畅销书。上百万读者阅读过他的小说。他是个铁匠的儿子。他一生所受的教育不超过八年，当他去世的时候，是当时最富有的一位文学家。

故事是这样的：

霍尔·凯恩喜欢诗词，所以他读尽了但丁·加布里尔·罗塞蒂的诗。

他甚至还写了一篇演讲稿，歌颂罗塞蒂艺术上的成就，并且还送了一份给罗塞蒂。罗塞蒂很高兴。“一个年轻人，对我的才学有这样高超的见解，”罗塞蒂也许自言自语道，“他一定很聪明。”于是，罗塞蒂就请这个铁匠的儿子来伦敦当他的秘书。这是霍尔·凯恩一生的转折点。因为他在这个新的职位上，见到了许多当代的大文豪。受到他们的指导和鼓励，他才顺利地开始写作生涯，享誉世界。

他的故乡在曼岛的格利巴城堡，现在已是旅游圣地。他的遗产有几百万之多，可是，谁会知道，如果他没有写那篇赞赏名诗人的演讲稿，死时可能会默默无闻，贫困潦倒。

这就是真诚而发自内心的赞赏的力量，惊人的力量。

罗塞蒂认为他自己重要。那并不奇怪，几乎每个人都认为自己是重要的，非常重要。

如果能让他人感到受重视，许多人的生活可能会因此发生改变。罗纳德·罗兰是我们在加利福尼亚州的培训教师，同时也教授文科和工艺课。他写信给我们，讲述了一个叫克里斯的学生上他新开设的工艺课的故事。

克里斯是个非常安静、害羞、缺乏自信的男孩，其他学生常常注意不到他。我还教实验班的课，学生们能有资格进入这个班级在某种程度上成了特权和身份的象征。

星期三，克里斯在课桌上刻苦学习。我感觉到他的内心深处藏着求知的烈火。我问克里斯是否愿意进实验班。那一刻我多么希望能够描述克里斯脸上的表情呀！一个害羞的十四岁男孩试图忍住高兴的眼泪的表情。

“谁？我吗，罗兰先生？我有那么好吗？”

“是的，克里斯，你很优秀。”

我不得不马上离开，因为泪水涌进了我的眼睛。那天克里斯走出教室时，看上去长高了两英寸。他用明亮的蓝眼睛看着我，用快乐的声音说："谢谢你，罗兰先生。"

克里斯给我上了永不会忘记的一课——我们深切地渴望被人重视。为了让我永志不忘这条法则，我做了一个标牌，上面写着"你是重要的"。这个牌子就挂在教室前面，所有的人都能看到，它提醒我每一个学生都同等重要。

这是一条质朴的真理，几乎所有你遇见的人都感觉自己某方面比你优秀。有一个方法可以深入他的心底，就是让他觉得你真诚地承认了他的重要性。

别忘记爱默生所说的："我遇到的每个人在某种意义上都是我的老师。因为，我从他们身上学到了很多东西。"然而很不幸，经常有些人刚刚觉得自己有若干成就，就自满而胡作妄为，结果引起别人的反感和憎厌。莎士比亚曾经说过：

人，骄傲的人，
借着一点短促的能力，
便在上帝面前胡作妄为，
使天使为之落泪。

我要告诉你，在我训练班里的商界人士，运用这条原理而获得了惊人的效果。让我们看看康涅狄格州的律师（由于个人原因，他不愿意公开自己的名字）的故事。

他来我训练班没有多久，有一天，这位律师驾着汽车陪太太去长岛拜访亲戚。他太太留下他陪她的老姑妈闲谈，自己另外看别的亲戚去了。因为律师需要汇报他如何应用赞美的原则，就想从这位老姑妈身上开始获得一些有价值的经验。所以他环视着屋子，看看有哪些值得他真诚的赞赏。

“这栋房子是1890年建造的，是吗？”他问道。“是的，”她回答，“正是那年造的。”“这使我回忆起我出生的那栋房子，”他说，“它非常美丽，建筑也好。

你知道，现在的人都不再建这样的房子了。”“你说得对，”老姑妈赞同道，“现在年轻人已不讲究住好看的房子，他们只需要一所小公寓，再有就是一部出去兜风的汽车而已。”

“这是一栋理想的房子。”老姑妈怀着回忆的心情轻柔地说，“屋子是用爱建造成的。我和我的丈夫在建造之前已经梦想了很多年。我们没有请建筑师，全都是自己动手设计的。”

老姑妈领着律师去各房间参观。律师对她一生所收藏的各种珍品，像一套古老的英国茶具、中国的陶瓷、法国式床椅、意大利的名画和一副曾经挂在法国城堡里的丝绸帷帐，都真诚地赞美。

参观房间过后，老姑妈又带他去车库，里面停着一辆帕克牌德国汽车，就像新的一样。

“这部车子，是我丈夫去世前不久为我买的。”她轻轻说，“自从他去世后，我就再也没有坐过……你爱欣赏美丽的东西，我要把这部车子送给你！”

“为什么，姑妈？”律师说，“你太看重我了。我当然十分感激你的好意，可是我不能接受。我甚至不是您真正的亲戚。我自己已经有了一辆新的车子，你有很多亲戚会喜欢这部车子的。”

“亲戚！”老姑妈提高了声音，“是的，我有很多亲戚，他们等着我死了，就可以得到这部车子。可是，他们永远得不到。”“如果你不愿意送给他们，你可以很容易地把这部车子卖掉。”律师告诉她。

“卖掉！”老姑妈叫着，“你认为我会卖掉这部车子吗？你认为我会忍心看着陌生人驾着这部车子行驶在大街上？我做梦也不会想卖。我愿意交给你，因为你懂得如何欣赏一件美丽的东西！”

律师婉言推辞，可是他不能伤害老姑妈的感情。

这位老太太单独一个人，住在这栋宽敞的房子里，守着这些精致、珍贵的陈设和她的回忆。她渴望哪怕一点点赞誉。她曾经年轻、美丽动人。

她建造了这栋孕育着爱的房子，并且从欧洲各地，搜集了很多珍品来装饰。现在这位老姑妈，风烛残年，孤零零的一个人。她渴望能获得一点人间的温暖，一点出于真心的赞美，可是，没有一个人给她。于是当她发现律师的时候，就像在沙漠中发现甘泉，使她内心激动，甚至愿意把这部帕克牌的汽车赠送给他作为感谢。

让我再举一个例子。纽约一位园艺设计家唐纳德·麦克马洪，负责刘易斯和瓦伦丁的花园设计。来听听他的讲述：

在我参加了“如何赢得友谊和影响力”的讲座后不久，我替一位著名的法官设计花园。那位主人出来告诉我他希望在什么地方栽种大片的杜鹃花。

我说：“法官先生，你有一个可爱的嗜好。我一直很羡慕你养了那么漂亮的狗。我听说你每年都会赢得许多麦迪逊广场花园的蓝丝带优等奖。”

我这小小的赞美奏效了。

“是的，”法官说，“从我的狗身上我确实得到很多乐趣。你要不要参观我的狗舍？”

他花费了差不多一个小时的时间，带我去看他的狗和它们赢得的奖项。他甚至拿出有关那些狗的血统家谱，向我解释每条狗的血统决定了它的容貌和智力水平。

最后，他转身问我：“你有没有小孩？”

“是的，”我回答，“我有个儿子。”

他接着问我：“那么，他喜欢小狗吗？”

“嗯，是的，他非常喜欢。”

“好吧，我会送他一只。”法官说。

他开始告诉我如何喂养小狗，然后他停下来说：

“如果我这样告诉你，你很快就会忘了。我会写下来给你。”于是，法官走进屋里，把他要送我的那只小狗的血统家谱和喂养的方法打印出来，然后给了我一只价值几百美元的小狗，同时还耽误了他一小时十五分钟的宝贵时间。那都是因为我对他的嗜好和成就表示了真挚的赞美。

柯达公司的乔治·伊斯曼发明了透明胶片后，电影的摄制才成为可能，这使他获得了亿元的财富，成为世界上最著名的一位商人。然而，尽管他有这样伟大的成就，仍然跟你我一样，渴求着别人的赞赏。

数年前，伊斯曼在洛彻斯特建造伊斯曼音乐学校和凯本剧场。纽约高级坐椅公司经理詹姆士·阿达姆松，希望能得到学校和剧场所有坐椅的订单。他打了个电话给建筑师，约好去洛彻斯特见伊斯曼。

阿达姆松到了那里，那位建筑师说：“我知道你想得到订单，不过我要告诉你，你不能占用他的时间超过五分钟，否则你就别打算再做这一笔生意了。伊斯曼是个严肃的厉行纪律的人，他工作非常忙，所以你要快速向他说明来意然后离开。”

阿达姆松听后，准备听从他的建议。他被引进一间办公室，看到伊斯曼正埋头工作，处理桌上的一堆文件。伊斯曼抬起头摘下眼镜，向建筑师和阿达姆松说：

“早上好，先生们，有何见教？”

建筑师介绍了他们认识后，阿达姆松说：“伊斯曼先生，在我们等候的时候，我欣赏了你的办公室。我无法想象我自己能待在这样一间屋子里。我是从事室内木工生意的，可我从没有见过比这更漂亮的办公室。”

伊斯曼回答说：“谢谢你提醒了我，我差点儿都忘了。这间办公室很漂亮，是不是？当初这间办公室装修完成后，我确实非常喜欢。可是现在，我脑子里装着很多事情，有时甚至几个星期都不会看上一眼。”

阿达姆松过去用手摸摸办公室的壁板，说：“这是英国橡木，对吗？

它和意大利橡木的品质稍有不同。”

“是的。”伊斯曼回答说，“这是进口的英国橡木，是一位专门研究细木的朋友替我挑选的。”

接着，伊斯曼带他参观了自己设计的室内陈设，包括木门、油漆色彩和雕刻工艺等。

他们一边参观房间，一边欣赏木工的手艺，然后在一扇窗前停了下来。乔治·伊斯曼和蔼谦虚地提到他曾经捐助过洛彻斯特大学、总医院、专科医院、儿童医院和友好家庭协会，为社会尽了一点力。阿达姆松热情地赞美他说，他用自己的财富为穷苦的人们造了福。伊斯曼打开玻璃橱柜的锁，取出他从前买的第一架照相机——那是向一个英国人买下的发明产品。

阿达姆松问他早期的创业和奋斗经历，伊斯曼动了真情，讲述了他童年时的贫苦，讲述他守寡的母亲怎样开了一家出租小公寓，而他自己则在一家保险公司做职员。贫穷的可怕经历使他立志要奋斗、赚钱，让母亲不用再辛苦地工作。阿达姆松提出了更深入的问题，而他自己则静静地听着。伊斯曼谈到一段往事。他说他过去做干燥照相金属板的实验时，整天在办公室工作，有时候整个晚上都在做实验，只在化学实验进行的时候打个盹儿。有时候，他七十二小时都穿着工作服工作和休息。

阿达姆松是上午十点十五分进伊斯曼办公室的，被要求最多只能停留五分钟。可是，一小时过去了，两小时过去了，他们仍然交谈着。

最后，乔治·伊斯曼对阿达姆松说："上次我去日本买了几把椅子回来，我把它们放在家里的阳台上。但是阳光把椅子上的漆晒褪色了，我就买了些油漆回来自己刷上了漆。你要不要看看我自己漆出椅子的图案？对了，你来我家，我们一起吃午饭，我让你看看。”

午饭后，伊斯曼把他漆的椅子拿给阿达姆松看。那些椅子都很便宜，而乔治·伊斯曼，这个亿万富翁，却很自豪，只因为那是他自己漆的。

坐椅订单的总额是九万美元。你猜，是谁得到了订单——除了阿达姆松外，还会有其他人吗？

从那时候开始直到伊斯曼去世，他们一直是亲密的朋友。

法国港口城市鲁昂一家餐厅的领班要辞职，老板克劳德·马拉伊斯运用这一原则挽回了餐厅的损失。要辞职的女领班已经工作了五年，是联系老板马拉伊斯先生和二十一名员工的重要纽带。当他接到她的辞职信时很震惊。

我非常吃惊，甚至更多的是失望，因为在我印象中，我对待她很公平，满足了她的需要。我把她既当成雇员，又看做朋友。我可能顺理成章地对她的工作提高了要求。

我当然不能接受这样一份没有任何解释的辞呈。我把她叫到一旁说："波莱特，你要知道我不能答应你辞职。你对于我个人和餐厅举足轻重，在这家餐厅的成功里，你和我的贡献是同样重要的。"在全体员工面前，我也重复了上述的话。我邀请她到家里，在家人面前反复地说我对她有信心。

波莱特放弃了辞职的念头。我从未像现在这样依赖她，我常常对她的工作给予赞赏，强调她对我和餐厅的重要性。

"和人们谈论他们自己的事，"曾经统治大英帝国的英国最睿智的首相迪斯雷利说，"我会静静地听几个小时之久。"

规则 6：让他人感觉到他很重要 ——真诚地这样去做。

第三部分

如何赢得人们的赞同

1.争论中没有赢家

第一次世界大战结束后不久，有一天晚上，我在伦敦得到了一个十分宝贵的教训。那时我是罗斯·史密斯爵士的经理人。战争期间，罗斯爵士是澳大利亚在巴勒斯坦担任飞行任务的王牌飞行员。战事结束，宣布和平后不久，他因在三十天中飞行地球半周而举世闻名。此前从没有人尝试过这一纪录，因而引起了轰动。澳大利亚政府给他颁发了五万美元奖金，英国国王授予他爵位。一时间，他成为英国国旗下备受瞩目的人物。那天晚上，我参加了欢迎罗斯爵士的宴会。晚餐时，坐在我旁边的一位来宾讲了一段很幽默的故事，还引用了一句话："有一位神主宰着我们的结局，无论我们想怎样大刀阔斧地改变命运。"

讲故事的那位来宾说那句话是出自《圣经》。他错了。我知道那句话的来历。那时我为满足自己受重视的感觉，显出我的优越，就毫无顾忌地指出了他的错误。那人固执己见。"什么？那句话出自莎士比亚？不可能的！太荒唐了！那句话出自《圣经》。"他很肯定。

这位讲故事的来宾坐在我右边，我的老朋友弗兰克·盖蒙德坐在我左边。盖蒙德先生花了很多年的时间研究莎士比亚的作品，所以那讲故事的人和我，都同意把这问题交给盖蒙德先生去裁定。盖蒙德听着，在桌下用脚踢了我一下，然后说："戴尔，是你错了，这位先生才对。那句话是出自《圣经》。"

当晚回家的路上，我对盖蒙德说："弗兰克，你明明知道那句话是出自莎士比亚的作品。"盖蒙德回答说："是的，一点儿也不错，它出现在《哈姆雷特》第五幕第二场。可是亲爱的戴尔，我相信你应该知道，我们是一个盛大宴会上的客人。为什么一定要证明人家的错误呢？你这样做会让人家喜欢你？你为什么不给他留一点面子呢？他并没有征求你的意见，他也不需要，你为什么去跟他争辩呢？永远不要去钻牛角尖儿。”他的话深深地教育了我，我永远也不会忘记。我不只是让那个讲故事的人不愉快，还置我的朋友于为难的境地。如果没有发生那场争论该有多好！

这个教训对我至关重要。我原来是个固执、倔犟的人，我小时候就喜欢跟兄弟们争辩世上所有的事。进大学后，我研究逻辑和辩论，参加辩论比赛。后来我在纽约教授辩论课，而且一度——尽管我羞于承认——我还计划写一部辩论方面的书。从那时开始，我就注意静听并观察数千次辩论的结果。最后，我得到一个结论，天下只有一种方法是解决争论的最佳途径，那就是尽量避免争论。避免争论，就像避开毒蛇和地震一样。

一场辩论结束了，十次中有九次，参加辩论的人会更加坚持他们的见解，相信他们是绝对正确的。

你无法赢得争论。因为如果你失败了，自然是输家。如果你赢得了辩论，还是输家。为什么呢？假定你辩论胜了对方，把对方的意见批驳得体无完肤，甚至证明了他是神经错乱，那又怎么样呢？你会很高兴，可是对方如何呢？你使他感觉到自卑，你伤了他的尊严。他会憎恨你获得胜利。而且——

一个人会固执地坚持，
他的观念不会改变。

几年以前，帕特里克·奥海尔参加了我们的训练。他没有受过太多的教育，可是他多么喜欢争辩啊！他曾做过司机，后来是汽车公司的推销员，可无论他怎么努力都没推销成功。简短的询问后，我了解到他推销汽车时，常和顾客发生口角。如果哪位顾客说了什么话有损于他销售的卡车，帕特就会涨红了脸想上前掐住顾客的喉咙。帕特在与顾客的争执中赢得了很多次胜利。就像他后来对我说的：“我走出办公室的时候经常会说‘我要教训教训那只衰鸟’。我的确教训了他，但是他却再也不买我的东西了。”

我的首要问题不是教帕特里克·奥海尔如何说话，当务之急是训练他减少讲话以及避免跟人争论。

现在奥海尔已经是纽约怀特汽车公司一位成功的推销员了。他是怎么做到的？让他自己来说吧。

假如我现在走进顾客的办公室，对方如果说：“什么？怀特卡车？那可不怎么样！就算是白送给我，我也不会要的。我打算买胡斯-伊特公司的卡车。”我说：“胡斯-伊特的卡车确实不错。如果你买他们的，肯定没错。胡斯-伊特牌汽车是大公司的产品，推销员也很能干。”

他无话可说了，要争论也无从争起。如果他说胡斯-伊特牌车子如何好，我承认的确如此，他就不得不把话停住了。在我赞同他之后，他总不会整个下午一直讲：“胡斯-伊特牌车子是最好的。”这样，我们就能撇开胡斯-伊特的话题，我也有机会开始向他介绍怀特牌车子的优点。

过去如果遇到这种情形，我会脸红脖子粗地勃然大怒。我会开始指责胡斯－伊特牌汽车如何不好。我越指责它，对方会越倾向它；争辩越是激烈，会越使对方决心不买我的汽车。

现在回想起来，我明白了为什么自己过去总是不能把商品推销出去。在争论中，我失去了多少宝贵的时间。现在我学会了闭上嘴巴，这使我受益无穷。

就像聪明的本杰明·富兰克林常说的：

如果你辩论、反驳，激怒对方，或许有时你会得到胜利。可是那胜利是短暂、空虚的，因为你永远得不到对方的好感。

所以，你不妨为自己好好权衡一下。你想得到的是理论上的、空虚的胜利，还是人们给你的好感？这两件事，很少能同时得到。

波士顿《抄本》杂志上，曾经刊登了一首寓意很深的打油诗：

这里躺着威廉·杰伊的尸体，
他死时还保持着自己的权利——
他是对的，永远正确，一贯如此，
但他的死亡证明了他的错误。

你在辩论时或许是对的，可是你要改变一个人的意志时，即使你对了，也跟犯错没什么两样。

弗雷德里克·帕森斯是所得税顾问，曾经同政府的一位税收稽查员争论了一个小时，因为一笔九千美元的账目发生了问题。帕森斯指出这其实是一笔永远无法收回的呆账，所以不应该被征税。那稽查员反对说："呆账？不可能！我认为必须要缴税。"

帕森斯在培训班上说：

这位稽查员冷酷、傲慢、固执，和他讲理根本没有用……跟他争辩时间越久，他越固执。所以我决定避免跟他争论，换个话题，赞赏他几句。

我说："我想，这件事和你要处理的真正重要和有难度的问题相比，是一件很小的事。我虽然研究过税务，但都是从书本上得来的知识。你的学识都是从实际经验中得来的。我有时真希望有个和你一样的工作，我会从中获益不少。"我跟他讲的，句句都是真话。

那稽查员在坐椅上挺了挺腰，开始谈他的工作，讲他揭露了很多舞弊案件。他的语气渐渐友好起来，接着又说到他孩子身上。临走的时候，他对我说，回去后他再把这问题考虑一下，过几天给我答复。

三天后，他又来见我，并通知我，他决定提出申请，等那笔款项到账后再征税。

这位稽查员显露出一种最常见的人性的弱点，他需要的是一种被尊重的感觉。帕森斯跟他争辩，他就利用他的权威，来获得他渴望的自重感。如果有人承认了他的重要性，争论就自然停止了。由于他的自我已经彰显，他立刻变成了一个善良而有同情心的人了。

佛祖曾这样说过："恨永远无法止恨，只有爱可以止恨。"误会不能用争论来解决，需要用灵活的外交手腕，抚慰和同情来改变他人的观点。

有一次，林肯这样劝告一位总是与同事发生冲突的年轻军官：

凡是决意成大事的人，不能浪费自己的时间去和人家争论。争论的结果是让人难以承担的，包括无法控制自己的脾气、丧失自制力。在次要的事情上做一点让步，就能在重要的事情上多一些平等的机会。最好给狗让条路，而不要为了争夺行路权被狗咬上一口。如果被咬伤了，即使你把这只狗打死，也不能治好你的伤口。

在一篇名为《块和条的区别》的文章中，有一些关于如何避免将不同意见升级为争论的建议：

欢迎不同意见。记住这句话："当两个伙伴总是意见一致时，其中一个就没必要存在。"如果有些观点你没有考虑过，那么感谢别人提醒了你的注意。或许，不同意见正是你铸成大错之前的一次改正的机会。

别相信你的本能冲动。遭遇不同意见时，我们最初的本能反应是防御。要小心。保持安静，警惕你的第一反应。它可能是你在状态最差而不是最好时做出的反应。

控制你的脾气。记住，从一个人愤怒的原因可以衡量出他的心胸大小。

先倾听。给对方说话的机会。让他们把话说完。不要憎恨、抵抗或者辩驳，这只会平添障碍。试着架起理解的桥梁。不要让误解的篱笆越长越高。

寻找相同点。当你听完对方的发言后，首先找到你赞同的观点。

要诚实。寻找你自己的错误之处并勇于承认。为你的失误道歉。这会帮助你消除对方的敌意，减少防御。

承诺会认真思考对方的观点，仔细地加以研究。而且要确实这样做。对方可能是对的。同意考虑他们的观点，比起不假思索立刻反驳更容易一些。也可以避免自己陷入被对方嘲讽的境地："看，我们试图说服你，可是你不听。"

真心地感谢对方的关心。任何一个肯花费时间与你争论的人和你一样关心相同的事。当人们确实想帮助你时，对他们表示感谢，就会化敌为友。

采取行动前，留给双方考虑问题的时间。建议推迟下次会议的时间，那时所有的情况可能会更清楚。准备会议的时候，问问自己以下这些难以回答的问题：

有没有对方正确的可能？部分正确？在他们的争论和立场里是否存在有价值的观点？我的反应有助于解决问题，还是仅仅为了减轻自己的挫败感？我的反应会把对方推得更远还是拉得更近？我的反应能否提升人们对我的评价？我会赢还是会输？如果我赢了我会付出什么代价？如果我保持沉默，不同意见会消失吗？这个困境对我来说是一次机会吗？

男高音歌唱家简·皮尔斯在结婚近五十年后，曾这样说道："我的妻子和我很久以前有个约定，无论我们彼此之间怎样生气，都必须遵守这个约定。当一个人发火时，另一个要听，因为两个人都在喊叫时，就不会有交流，只有噪音和伤害。"

规则 1：赢得争论的唯一方法是避免争论。

2.如此树敌屡试不爽

当西奥多·罗斯福在白宫的时候，他曾承认，如果他每天有75%的时候是对的，那就是他期望达到的最高标准了。

如果这是一位20世纪最杰出者之一的人希望达到的最高标准，那么你我又该如何呢?

如果你能确定你一天中有55%的时候是对的，你就可以到华尔街，每天赚上百万元。如果你不能确定，你怎么能指摘人家的错误呢?

你可以用神态、声调或是手势，告诉一个人他错了，就像我们用语言一样有效。而如果你告诉他错了，你以为他会赞同你?永远不会!因为你直接抨击了他的智力、判断、骄傲和自尊。这只会让他向你还击，而不会令他们改变想法。你可以运用柏拉图或康德的逻辑来跟他理论，但你还是不能改变他的观点，因为你已伤害了他的感情。

永远不要开口就说："我要拿什么什么证明给你看。"这很糟糕。这话等于在说："我比你聪明，我要用一个或两个事实来纠正你的错误。"

那是一种挑战，会引起对方的反感。不需要等你再开口，他已经做好了战斗的准备。

即使你用最温和的语气，要改变别人的意志也是困难的。为什么让事情难办呢?为什么不阻止你自己呢?

如果你想证明什么，不要让别人看出来。巧妙地处理，灵活地应对，做到人不知鬼不觉。亚历山大·蒲柏把它简洁地表述为：

> 人必须被教导，就像你没有在教导他一样；
> 让事情不为人所知，就像已经忘却了。

三百年前，伽利略说：

> 你无法教给人任何事；
> 你只能帮助他在心中去发现。

正如查斯特菲尔德爵士对他儿子说的那样：

> 如果可以，我们要比他人聪明；
> 可是你却不能告诉他这一点。

在雅典，苏格拉底反复告诉他的门徒们：

> 我只知道一件事，那就是我什么都不知道。

我不希望比苏格拉底更聪明，所以我也避免告诉人们他错了。同时我发现那确实对我有好处。

如果有人说了一句你认为错误的话——是的，你知道他是说错了——若是用下面的话开头，似乎更好："好吧，现在让我们来探讨一下。我有另外一种看法，但是我也许是错的，我经常犯错。如果我错了，我愿意改正过来。让我们看看究竟是怎么回事。"

全世界没有一个人会反对你说："我也许是错的。让我们看看究竟是怎么回事。"我的一个学员海罗德·瑞恩克是道奇汽车在蒙大拿州毕灵斯的经销商，他运用这一方法处理顾客的投诉。他汇报说，由于汽车销售竞争的压力，在处理顾客投诉时，他经常态度生硬而冷淡。这导致怨声四起、业绩下降、满意度不佳。

他告诉我们：

> 我意识到如果这样下去我会很快完蛋的，就尝试了新的办法。我

会这样说："我们的经销商犯了这么多错误，以至于我经常感到很羞愧。我们可能在您的事情上有不妥之处。请您告诉我。"

这个方法相当有效，一旦消除了顾客的敌意，顾客在处理事情的过程中就显得通情达理了。事实上，有几个顾客对我的理解态度表示感谢。其中两个人甚至带朋友来购车。在这个高度竞争的市场环境下，我们需要更多这样的顾客，而且我相信对所有顾客的意见表示尊重，对待顾客周到有礼，会有助于我们赢得竞争。

承认自己可能犯错，就永远不会陷入麻烦中。所有的争论都停止了，你的对手受到你的鼓励，变得开明、公平、宽宏大量。这会让他愿意承认自己也有犯错的时候。

直截了当地告诉某人他犯了错误，会发生什么样的后果？让我举个例子。S 先生是纽约一位年轻的律师，最近在美国最高法院辩护一件相当重要的案件。此案牵涉到一笔巨额的金钱和一个重要的法律问题。在辩护过程中，最高法院的一位法官问 S 先生：

"海军法的申诉期限是六年，是不是？" S 先生沉默了一下，目注法官片刻，随即说："法官阁下，海军法中并没有这样限制的条文。"

S 先生在训练中，叙述了当时的情形：

当我说出这话后，整个法庭顿时沉寂下来，这间屋子的气温似乎在刹那间降到了零度。我是对的，法官错了。我如实告诉了他。可是，他会对我友好吗？不。我依然相信我有法律的根据，而且我也知道那次法庭辩护我讲得比以前都好。但是我并没有说服那位法官。我犯了大错，我直接告诉一位极有学问而著名的人物他错了。

很少人有逻辑性，我们大多数人都怀有成见或者偏见，都受到先入为主、嫉妒、猜疑、恐惧和傲慢的伤害。很多人不愿意改变他的宗教、意志，他的发型、信仰，甚至是他最喜爱的电影明星。所以，如果你准备指出别人的错误，请你在每天早餐前阅读下面这段文章。它节选自詹姆士·哈维·鲁宾孙教授写的启蒙图书《正在产生的意志》。

有时我们发现自己会改变自己的意念，没有丝毫抵抗和阻力。可是，如果有人告诉我们错了，我们却会怀恨在心。我们不可避免地忽视了信念的形成，可是当有人要夺走我们的意志时，我们对这份信念突然充满激情。显然，并非因为我们对那份信念有偏爱，是因为我们的自尊受到了威胁……小小的“我的”这两个字，在人与人之间是最重要的，恰当地运用这两个字，是智慧的开端。无论是“我的”饭，“我的”狗，“我的”房子，“我的”父亲，“我的”国家，“我的”上帝，这词具有同样的力量。我们不只怨恨有人指出我们的表走得不准，或是我们的汽车太旧，而且不愿意有人纠正我们任何的错误，包括我们对希腊斯多葛派哲学家“埃皮克提图”名字的发音，我们对火星运河的看法，水杨苷的药用价值，等等。对一件我们认为“对”的事，总乐意继续相信它。如果有人对我们有了某种怀疑，就会激起我们强烈的反感，而寻找各种方法来辩护。其结果是我们大多数人所谓的合理论点都是我们已经接受的信仰。

杰出的心理学家卡尔·罗杰斯在他的书《成人的道路》中写道：

当我能够允许自己去理解他人时，我发现获益颇多。对你来说，我措辞的方法可能有点奇怪。有必要允许自己去理解他人吗？我想是这样的。我们对大多数陈述（我们从他人那里听到的）的第一反应更多的是评估和判断，而不是理解。当某人表达自己的感情、态度或信仰时，我们几乎立刻倾向于感觉“说得对”，“太愚蠢了”，“太奇怪了”，“这不合情理”，“那不正确”。我们很少自己去准确理解这话对于他人意味着什么。

有一次，我请了一个室内装潢师给家里制作一套窗帘。等到他把账单送来，我吓了一跳。几天后，有位朋友来我家，看到那套窗帘，提到价钱，她幸灾乐祸地说:“什么？那太可怕了，恐怕他骗了你吧！”

真的吗？是的，她说的都是真话，可是没有几个人愿意听到这类实话，因为这表示他们的判断力有问题。所以，作为一个普通人，我试图替自己辩护。我反驳说，便宜没好货，好货不便宜。

第二天，另外一个朋友到我家中，她很羡慕那套窗帘，并诚恳地加以赞赏。她还表示，希望自己能买得起那样一套优雅的艺术品。我跟昨天的反应完全不一样。“说实在话，”我说，“我也买不起这套窗帘，我花的价钱太贵了，我都有点儿后悔了。”

当我们有错误的时候，我们或许会对自己承认。如果对方的态度温和些、圆滑些，我们或许就会对他（她）承认，甚至为我们的坦白和胸襟宽阔而骄傲。如果有人把不合口味的话硬往我们的食道里塞，我们是决不接受的。

美国国内战争时，贺瑞斯·格利雷是美国当时最著名的编辑，不赞成林肯的政见。他相信他运用嘲笑、谩骂的方式发动一次辩论大战，就可以让林肯接受他的意见。他连续不断地攻击林肯，月复一月，年复一年。事实上，就在布斯刺杀林肯总统的那天晚上，他还写了一篇粗鲁、尖刻、讽刺、充满了个人攻击色彩的文章。

但是这些尖刻的攻击，让林肯接受了他的意见吗？根本不能。奚落和辱骂永远达不到目的。

如果你想要一些如何进行人际交往、自我管理、改善品格的绝妙建议，你可以看本杰明·富兰克林的自传。这是一部最有趣味的传记故事，也是一部美国文学名著。富兰克林讲述了他如何克服自己爱辩论的恶习，成为美国历史上一个最能干、和蔼、善于外交的人。

当富兰克林还是一个经常犯错的年轻人时，一天，一位年老的教友派信徒把他叫到一边，用钢针一般的事实把他责骂了一顿。

本，你让人难以忍受。你打击所有和你意见不合的人。你是那么无礼，以至于现在已经没有任何人会理你的意见。

你的朋友发觉你不在场时，他们的快乐会更多。你知道得太多了，再也不会有人告诉你任何事情了。其实，没人愿意努力尝试和你交往了，因为那只会导致不愉快和白费力气。所以，你知道的事情仅限于现在这么点儿，不会再知道更多了。

据我所知，富兰克林最大的优点是能够接受严厉而正确的谴责。那时富兰克林已经不是小孩了，他有足够的智力意识到这些谴责是对的，如果不痛改前非，他将面临失败和社会的唾弃。所以他来了个一百八十度大转弯，他立刻改变了自己过去傲慢、武断的方式。

我订了一项规则，避免和任何人有观念上的直接冲突，避免自己的主观臆断。我甚至强迫自己不使用含有绝对肯定意义的字句，就像“当然”、“毫无疑问”等，我都用“我推断”、“我揣测”，或者是“我想象”一件事如何如何，或是“对我来说，目前好像是这样的”等来取而代之。当别人肯定地指出我的错误时，我克制住立刻就向对方反驳的冲动和指出他言谈中荒谬之处的想法，委婉地回答说，考虑到在某一种条件和情形下，他的意见也许是对的，但是现在可能（或者好像对我）有点不同。我很快就感觉到我态度的改变带来了很多好处，我参与的谈话更融洽、更愉快了。我温和地提出自己的见解，他们更愿意接受，很少有反对的。当我被别人指出错误时，我并不感到懊恼。这样，在我碰巧正确的时候，我能更容易地劝阻他们放弃他们的错误，接受我的想法。

我开始尝试这种模式时，出于天性，难免有些粗暴，后来很自然很容易地形成了习惯。或许在过去五十年中，已经没有人听我说出一句武断的话来。我想，这种习惯（仅次于我正直的性格）的养成，使我提出新建议时，总能得到追随者们热烈的支持。在我从政后，它令我在公共事务中具有更大的影响力。我不善于演讲，没有口才，措辞时犹豫不决，几乎没有说过非常得体的话，可是我总体上能获得人们的赞同。

富兰克林的方法用在商业上能奏效吗？我们可以举出两个例子。

凯瑟琳·奥瑞德是北卡罗来纳州金斯山一个纺纱加工厂的高级工程师。她在我们的课堂上讲述了训练前后她处理一个敏感问题的不同方式。

我的一部分职责是建立和维护一个员工激励体系，以便让他们的纺纱产量和收入挂钩。当我们只生产两三种不同型号的产品时，这个系统发挥了良好的作用，但是最近我们扩大了存储能力，生产超过十二种的产品。现有的体系已经不再适应新的要求了，它不能公平地把生产效率和收入联系起来。于是我起草了一个新的体系，按照工人在特定时间段内的纺纱总量支付工资。我拿着新的方案参加会议，决心向管理者证明我的体系是正确的。我指出他们在细节上所犯的错误，而我的方案可以解决所有的问题，这正是他们需要的。其结果就是我败得很惨！我太热衷于捍卫自己对新体系的立场，没有留给他们讨论旧体系存在的问题的余地。提案被枪毙了。

参加了几次训练之后，我意识到自己所犯的所有错误。因此我召集了另一次会议，询问他们有哪些问题需要解决。我们逐条讨论，征求他们的意见，让他们提出哪种方案最好。在合适的时候，我低调地提出一些建议，让他们来发展我的激励体系。到最后，我才拿出自己的方案，他们积极地接受了。

我相信，如果直接指出一个人的错误，没有一点好处，反而会带来很多破坏。那样做只会成功地伤害他人的自尊，让自己成为讨论中不受欢迎的人。

让我们再看第二个例子——请记住我所举的例子是从上千人的典

型体验中选出的。克罗利是纽约一家木材公司的推销员。他承认这些年来，自己一直在挑木材检查员的错。虽然他总能在争论中占上风，可是并没有带给他一点儿好处。“这些木材检查员，”克罗利说，“就像棒球裁判，一旦作出决定就决不更改。”

工厂因为他和木材检查员的争论而损失了几千元钱。他来到我的训练班听讲后，决定改变策略，不再争辩了。结果如何？这是他在课堂上讲述的故事。

一天早晨，我办公室的电话铃响了。一个愤怒而焦急的顾客在电话那头说我们送去他工厂的一整车木材完全不合格。他的工厂已停止卸货，要求我们立即设法把那些货清走。货物才卸了四分之一时，他们的木料检查员就报告说，55%的木料在标准等级以下。在这种情形下，他们拒绝收货。

知道情形后，我立即动身前去他的工厂。一路上，我心里就在盘算处理这件事的最好方法。通常情形下，我会举出木料的等级标准，并以我自己做检查员的经验和知识，向另一位检查员证明这批木材符合标准。

可是这次，我想我应该运用从训练班中学到的原则。

我到了那家工厂，发现采购员和木材检查员的神色都很不友善。两人都准备好了要跟我争论一番。我到他们卸木料的地方，要求他们继续卸货，让我看看错误出在什么地方。我请那位检查员把合格的货放在这边，把不合格的放在另一边。

看了一阵子后，我发现检查员似乎过于严格，而且弄错了标准。这批木料是美国五针松，我知道这位检查员系统地学过硬木的知识，而对于眼前的美国五针松并不是很内行。美国五针松是我的强项，可是，我有没有对那位检查员的评定表示异议呢？绝对没有。我只是看着，逐渐问他不合格的原因在什么地方。我没有暗示说他错了，我只是强调询问的唯一理由是为了以后送货时，能提供他们工厂需要的木材。

本着友好合作的态度，我跟那位检查员咨询，同时不断地说他找出不合格的木材来是对的。我让他感到很温暖，我们之间敌对的气氛开始松动、融解。这时，我小心地插进一句，使他们觉得那些被拒收的木材，可能是合乎他们购买标准的，而他们需要的是价格更高的一类木材。

渐渐地，他的整个态度改变了！他最后向我承认，他对美国五针松并没有经验，他开始向我讨教相关的问题。我便向他解释，为什么这块是合乎标准的木材，可同时我又表示如果不符合他们的需要，我绝不勉强他们收货。他终于走到拒收的那堆木材前，发现了问题所在。最后，他意识到错在他自己，原因是他们并没有指定他们需要的更高标准的木料。

我走后，这位检查员将全车的木材重新检查一遍，而且全部接收下来，足额付清了货款。

从单独这件事来说，不正面指责他人犯了错，为我们公司挽回了一大笔损失，而我们挽回的好感，就不是用金钱能估计的了。

有人问过马丁·路德·金，作为一个和平主义者，他是如何被美国军衔最高的黑人军官——空军的丹尼尔·詹姆士将军所敬慕的。金博士回答说："我以人们自己的准则来判断他，而不是以我的标准。"

用类似的方式，罗伯特·李将军曾对联邦总统杰斐逊·戴维斯谈及他的一位下属。旁边另外一位官员很惊奇。"将军，"他说，"你不知道吗？你刚才给予很高评价的这个人是你的死敌，他不放过任何一个攻击你的机会。""是的，我知道。"李将军回答，

"但是总统问的是我对他的看法，而不是他对我的看法。"顺便说一句，我在这一节并没有讲出什么新鲜的道理。两千年以前，耶稣说过："赶快赞同你的对手。"

在救世主降生前两千两百多年，埃及国王给他的儿子一些忠告，这些忠告今天也非常需要。"要用外交手腕，"国王告诫说，"它能帮

助你达到目的。”

换句话说，别跟你的顾客、你的配偶或是对手争辩，别指责他们错了，别激怒他们，不妨用点外交手腕。

规则 2：尊重他人的意见，永远不要说 “你错了 ”。

3.如果你错了，立刻承认吧

从我家步行不到一分钟，就有一片野生树林。春天的时候，树林里黑莓灌木丛盛开着成片白色的花儿，松鼠在那里筑巢养育它们的孩子，马尾草长得有马头那么高。这块未遭破坏的树林被人们称为“森林公园”——这片森林可能跟哥伦布发现美洲时的原始状态没有什么不同。我经常带着雷克斯，我那只波士顿小哈巴狗，去公园里散步。它是一只温顺的小狗，从不咬人。而且因为公园里很少看到人，我就没有给雷克斯系上皮带或口套。

有一天，我和雷克斯在公园中，看到一个骑警，一个渴望显示他权威的警察。“你让那只不戴口套、没有皮带拴着的狗，在公园乱跑，是什么意思？”他申斥我，“难道你不知道那是违法的？”“是的，我知道，”我柔声回答，“不过我想它不会在这里伤害人的。”“你认为不会！你认为不会！法律可不管你怎样认为。你那条狗会咬死松鼠，或者咬伤儿童。这次我放过你，下次再看到你那只狗不拴皮带、不戴口套，你就得去跟法官讲话了。”我温顺地答应遵守他所说的话。我确实遵守了，我坚持了几天。但是雷克斯不喜欢口套，我也不喜欢，所以我们决定碰碰运气。起初安然无事，然后我碰了钉子。一天下午，我带雷克斯跑到一座小山上，突然——真让我沮丧——我看到了代表神圣法律的警察正骑在马背上。雷克斯跑到我前面，直冲警察而去。

这次我知道躲不了了，所以不等那警察开口，我就自己说开了：“警官，你把我抓了个正着。我触犯了法律，没有什么可辩解的。因为你上个星期讲过，如果我再来这儿遛狗不给狗戴上口罩的话，你会处罚我的。”

“噢，可是现在，”那警察用柔和的口气说，“我知道在没有人的时候，像这样带着一只小狗出来走走，是很有诱惑力的。”“那当然很有诱惑力，”我回答，“只是触犯了法律。”“其实，像这样一只哈巴狗不会伤害任何人的。”警察反驳道。“不对，它可能会咬死松鼠！”我说。“好吧，现在你把事情看得太严重了。”警察对我说，“我告诉你怎么办。你只要让那只小狗跑过山，到我看不见的地方——我们把这件事都忘了吧。”

这个警察，作为一个人，他需要得到一种被重视的感觉。当我谴责自己时，他唯一能加强自尊感的方法，就是采取一种宽宏大量的态度，显示他的仁慈。

但是假如我想捍卫自己，那么，所得的效果跟现在会完全相反。

我不跟他发生冲突，承认他是完全正确，而我是彻底错的。我迅速、坦白、积极地承认错误，这件事演变成我站在他的立场上说话，而他替我分辩，就这样圆满地结束了。

这个骑警一个星期以前用法律来威胁我，而这次却宽恕了我，就是切斯特菲尔德爵士恐怕也不会比他更仁慈。

假如我们已知道无论如何自己都会成为被指责的对象，那我们抢先责备自己不是更好吗？自我批评总比忍受他人的批评要容易得多吧？

贬低自己，说出别人打算说的谴责之语，在他有机会责备你之前。那么你有 99% 的机会获得他的谅解和宽恕，就像那位骑警对我和雷克斯的态度一样。

佛德纳德 · 沃伦是一位商业画家，曾用这种技巧赢得一个脾气暴躁、挑剔的买主的好感。沃伦先生讲了这件事的经过。

在为广告、出版绘画时，最重要的是简明和非常的精确。

有些美术编辑要求立刻完成他们委托的工作。在这种情形下，一些轻微的错误在所难免。我认识一位美术主管，特别喜欢挑小毛病，我常会极不愉快地离开他的办公室。不是因为他的批评，而是因为他处理问题的方式。最近，我交去一件急活，后来接到他的电话要我马上去他办公室。他说有事要谈。到了以后，果然不出所料——我担心的事发生了。他充满敌意，似乎很高兴我给了他一个教训人的机会。他激动地责问我为什么这么做那么做。我应用我所学到的自我批评方法的机会到了。于是，我回答："先生，如果你说的是真的，那就是我的错误和疏忽，我对此没有什么可以辩解的。我替你画了这么些年画，应该更好地理解才对。我感到非常惭愧。"

他立刻替我分辩："是的，你说得对，不过这毕竟还算不上严重的问题。只是——"我打断他说："任何错误都可能造成损失，让人生气。"

他想插话，可是我不让他说。我觉得这一刻非常伟大，因为这是我有生以来第一次批评自己，而且我很愿意这么做。

"我应该多加小心，"我接着说，"你平时给了我不少生意，理应得到最好的作品。这样吧，这幅画我打算重画一遍。"

"不！不！"他表示反对，"我不想让你太麻烦。"他称赞了我的工作，向我保证他只想修改一个小地方，而这一点小错误不会对他的公司造成损失。毕竟，这只是一个细节问题，不值得担心。

我诚恳地批评自己，使他的敌意全消。最后，他请我吃午饭。当我们分手的时候，他给了我一张支票和另外一份工作。

任何一个愚蠢的人，都会尽力为自己的过错辩护——多数愚蠢的人都是这样——但是如果你承认自己的错误，并给人一种尊贵、高尚的感觉，就可以从愚蠢的人之中脱颖而出。有这样一个例子。在历史的记载中，罗伯特·李将军做得最漂亮的一件事就是他自己一人承担了皮凯特在盖茨堡战役失败的责任，并为此而自责。

皮凯特的那次冲锋战，无疑是西方世界最辉煌、最独特的一次进攻。乔治 · 皮凯特将军本人也很特别。他那红褐色的头发留得很长，几乎披到肩上，而且，像拿破仑在意大利战役中一样，他在战场上写下了很多热情洋溢的情书。

在 7 月一个悲惨的下午，当他歪戴着帽子，得意洋洋地骑着马奔向联军阵线时，所有部下的士兵们都为之欢呼。他们一边欢呼一边追随他向前挺进，人挨着人，一队接着一队，战旗飞舞，刺刀闪烁，场面十分壮观。就连北方联军阵线的军队看到这样的队伍，也禁不住发出一阵低声的赞美。

皮凯特的军队踏着轻快的脚步迅速往前推进，经过果园、农田，越过草地，横过山峡。对方的炮火在他们的战线上撕开了一个可怕的口子，可是无法阻止他们的逼近。

突然间，埋伏在瑞奇公墓石墙后的联军开火了，一次次打垮了皮凯特军队的进攻。山顶变成了火海，变成了屠宰场，变成了一座炙热的火山。在几分钟内，皮凯特带领的五千名士兵，几乎有五分之四都倒下了。

刘易斯 · 阿米斯戴德将军带领着南方残部进入最后的决战，他跃过拱形的石墙，用刀尖挑起军帽，喊道 :“弟兄们，冲啊！”

他们越过石墙，和联军短兵相接，终于把南方盟军的战旗，竖立在瑞奇公墓上。

战旗飘扬在山顶，只有短暂的一瞬间。尽管短暂，却是南方盟军的最高纪录。

皮凯特的冲锋战——多么灿烂、多么英勇，然而不管怎样，它成为战争结束的开端。李将军失败了！他知道他们无法深入北方。

南方盟军失败了！

李将军非常震惊和悲痛，他向南方联邦总统杰斐逊 · 戴维斯提出辞呈，要求任命另外“一位年富力强的人”。如果李将军想把皮凯特的惨败，归罪到别人身上，他可以找到一大堆理由—— 一些重要的指挥官临阵脱逃。骑兵后援没有及时到达，协助步兵进攻。这导致了错误和偏离的发生。

可是高尚的李将军没有责备他人。当皮凯特带领浴血奋战的残部返回时，李将军只身单骑去迎接他们。他令人敬畏地自责说："这一切都是我的过错。我自己应该对战役的失败负全部责任。"

历史上没有几个将军能有这种勇气和品德，敢承认自己的错误。

迈克尔·陈是我们在香港地区的一名培训教师，他告诉我中国文化存在一些特殊的问题，有时很有必要让人们明白，承认错误比保持老传统的好处要多。他的班上有一个中年学员，多年来和儿子关系疏远。这位父亲曾经染上了鸦片，但是现在已经戒掉了。在中国传统观念中，长辈是不能首先承认错误的。父亲一直想让儿子主动提出和解。训练刚开始时，他在课堂上说他从没有见过他的孙子，他非常渴望能够跟儿子和好如初。他的同学们，当然都是中国人，能够理解他的愿望和根深蒂固的传统之间的矛盾。这位父亲认为年轻人应该尊敬长辈，他不能让步，必须等他的儿子先来找他。

训练课程快结束时，这位父亲又在课堂上发言。"我对这个问题考虑了很久，"他说，"按照戴尔·卡耐基所说，'如果你错了，请立刻诚恳地承认吧'。对我来说，'立刻承认'错误是无法做到了，因为已经太晚了，但是我可以做到'诚恳地承认'错误。我错怪了我的儿子。他有理由不想来看我，把我从他的生活中驱逐出去。请求一个年轻人的宽恕可能会让我丢脸，但是我确实犯过错，我有责任去承认。"全班同学都为他鼓掌，给予他全力的支持。后来，他讲述了如何到儿子家请求原谅以及儿子如何接受了他的经过，现在他和儿子已经重新建立了关系，还见到了儿媳和孙子。

埃尔伯特·哈伯德是最有独创性的作家，他的作品富有煽动性，他那讥讽的文字常引起人们对他的反感和不满。可是，哈伯德有一个罕见的待人技巧，可以化敌为友。

例如，当有一些愤怒的读者写信去批评他的作品如何如何，并在结尾要求他这样那样时，埃尔伯特·哈伯德会这样回答：

经过仔细考虑，连我自己也无法完全赞同。并不是我昨天所写的所有观点，到今天还对我有吸引力。我很高兴请教您在这个问题上的高见。下次你到附近来的时候，一定要来我这里做客，让我们就这个问题深入地谈谈。所以，在这儿，让我们遥遥地握手吧。

你忠诚的

埃尔伯特·哈伯德

对如此这般对待你的人，你能说些什么？

当我们正确时，要巧妙委婉地赢得别人的认同，而当我们犯错误的时候——如果我们诚实的话，会惊异地发现情况经常如此——让我们快速地、诚恳地承认我们的错误。运用这种方法，不但能获得惊人的效果，而且在这种情形下，要比为自己辩护有趣得多。

记住这样一句话："用争夺的方法，你永远无法得到满足，可是当你谦让的时候，你所得到的比你所期望的更多。"

规则3：如果你错了，请立刻诚恳地承认吧。

4.一滴蜂蜜

如果你在盛怒之下，对人发了一通脾气，可能宣泄了你的情绪，感觉好受了，可是别人会怎么样呢？他能分享你的快乐吗？你那挑战的口气、仇视的态度，能让他轻易地接受你的观点吗？

伍德罗 · 威尔逊总统曾说过：

如果你握紧了拳头来找我，我想我可以向你保证，我的拳头会握得和你一样快。但是如果你来对我说："让我们坐下一起商量，如果我们之间意见不同，不妨想想看我们为什么会有分歧，主要的症结究竟是什么？"不久就可看出，我们彼此的意见相距并不很远，不同的地方很少，而相同的地方却很多。而且只要有耐心、坦白，有接近的愿望，我们就会走到一起。

没有人比约翰 · D. 洛克菲勒更欣赏伍德罗 · 威尔逊总统这句话中所蕴含的真理。那是 1915 年的事，洛克菲勒在科罗拉多州是最声名狼藉的人。那是美国工业史上流血最多的罢工，波及整个科罗拉多州，并持续了两年之久。那些愤怒的矿工要求科罗拉多州燃料钢铁公司提高工资，而洛克菲勒负责的正是那个公司。那时房产被毁，不得已调动了军队前来镇压。流血事件接连发生，很多矿工死伤在枪口下。

就在那个时候，仇恨的气氛弥漫在每一个角落，可是洛克菲勒要赢得那些矿工的谅解，而且他真的做到了。他是怎么做到的？洛克菲勒花费了几个星期的时间去结交朋友，然后对工人代表们演说。这一篇演讲稿堪称杰作，产生了惊人的效果，把工人们憎恨的怒潮完全平息下来。

它为他赢得了很多人的崇拜。在这篇演讲中，他表现了极友善的态度，使那些罢工的矿工都回到了工作岗位。而工人们曾经不惜以暴力来争取的加薪，再没有一个字被提起。

下面就是这篇著名的演讲稿。请注意它在语句间流露出多么友善的精神。别忘记，洛克菲勒正在向几天前还想把他吊死在酸苹果树上的人们发表演讲。可是他所说的话，比面对一群医生、传教士更加和蔼而友好。

洛克菲勒这样开始他的演讲：

这是我一生中最值得纪念的一天，这是我第一次很荣幸地和公司方面劳工代表、职员和主管们会聚在一起。请相信，我很荣幸来到这里，我只要活着就不会忘记这次聚会。如果两个星期前举行这个聚会，对你们大多数人来说，我站在这里简直就是个陌生人。

上周，我有机会拜访了南部煤区的工人驻地，跟每一位代表都作了个别的谈话。我拜访过你们的家庭，见到你们的太太和孩子们，我们在这里相聚，不算是陌生人，而是作为朋友。在这种友好互助的精神下，我很高兴有这样的机会，跟你们讨论我们共同的利益。

这次聚会包括了公司的职员和劳工代表。我能来这里，都是承蒙你们的厚爱，因为我不是公司的职员，也不是劳工代表。可是我觉得，我和你们之间的关系是非常密切的，因为从某种意义上说，我是代表股东和公司董事的。

这不是化敌为友的一个最具体的例子吗？

假设洛克菲勒运用了另外一种方法。假设他和那些矿工们争论起来，在他们面前用可怕的事实痛击他们。假设他用语调来暗示、嘲讽他们的错误。假设他用种种逻辑学的理论证明他们的错误。会发生什么呢？那一定会激起更多的愤怒、更多的仇恨和更多的反抗。

如果一个人心中已对你抱有成见和恶劣印象，你就是找出所有的基督教义的逻辑来，也不能使他认同你的意见。爱训斥人的父母、专横跋扈的老板和丈夫、唠叨的妻子应该意识到人们不想改变他们的想法。无法强迫或者驱使他们同意你我的意见。但是若我们秉持温和、友好的态度，我们就可能引导他们。

在一百多年前，林肯就肯定过友善的效果。他说：

这是一句古老而真实的格言："一滴蜂蜜，比一加仑的胆汁，可以捉到更多的苍蝇。"我们对人也是如此。如果要赢得人们对你见解的认同，先让他相信你是他忠实的朋友，那就会有一滴蜂蜜抓住了他的心。你会说，这就是通向他心灵的捷径。

商业经理们都已经知道，运用和善的态度对待罢工者是有效的办法。比如说，怀特汽车公司两千五百个工人为了增加工资和组织工会问题而罢工的时候，那家公司的总裁罗伯特·布莱克并没有震怒、斥责、恫吓，也没有说过他们这是暴行、共产之类的话。事实上，他夸奖、称赞工人们。他在克里弗兰德的报纸上登了一则广告，称颂他们那是"放下工具的和平方式"。他看到罢工的纠察人员闲着没有事做，就去买了几套棒球和手套，请他们在空地上打球。为了有些爱玩保龄球的，他还租了一个保龄球场。

布莱克先生和善的态度发挥了应有的效果，它引起了工人的友善反应。于是，那些罢工的工人找来很多的扫把、铁铲、垃圾车，开始打扫工厂四周的纸屑、火柴、烟蒂。想想看！那些罢工的工人在要求加薪和承认工会的同时，还在整理工厂四周的环境。这种情形，在此前的美国劳资纠纷中，从来没有见到过。那次的罢工在一个星期内和解结束，没有一丝恶感和怨恨地结束了。

丹尼尔·韦伯斯特的样子慈祥得像一位天神，说话温和得像耶和华，他是一位最成功的辩护律师。然而，他提出自己最有力的见解时，运用的是极温和的措辞，就像“请陪审员考虑这一点”，“这种情况可能值得考虑”，“这几项事实，我相信你们是不会忽略的”或者“凭着你们对人性的了解，可以很容易看出这些证据的重要性”。韦伯斯特的话，没有胁迫，没有高压，不将意见强加在别人身上。韦伯斯特用的是轻松、平静、友善的方法，而这方法帮助他成为名人。

你可能永远没有机会去解决一次罢工或者对陪审员慷慨陈词，可是，也许你希望减少你的房租。那么这种友善的方法可以帮助你吗？让我们看看下面这个例子。

工程师斯托波希望减少房租，可是他知道房东是个老顽固。斯托波在训练班上汇报说：

我写了一封信给房东，通知他只要租约一到期，我就会搬出我的公寓。其实我并不想搬，如果能减低房租的话，我愿意继续住下去。

可是我知道希望很小。其他房客都试过了，结果也都失败了。每个人都告诉我，房东是个很难对付的人。可是我对自己说：“我正在学习如何和人打交道的课程，不妨就在那房东身上试一试，看看效果如何。”

房东一接到我的信，就带着他的秘书一起来看我，我在门口相当友好、热情地欢迎他。我并没有一开始就说到房租高的问题上，我先说如何喜欢他这公寓。请相信，我是“热衷于赞扬并慷慨地送上我的嘉许”。我欣赏他管理房子的方法，同时告诉他，我非常愿意再住一年，可是我负担不起了。

他显然从没有受到一个房客这样的接待，他几乎手足无措了。

接着，他告诉我，困扰他的一个问题就是房客的抱怨。其中有个房客，曾写过十四封信给他，有的简直是侮辱。还有一位房客恐吓他，除非房东能让楼上的人睡觉不打呼噜，要不然他就取消租约。

房东对我说："能有你这样一位房客，给我多大的安慰呀！"然后不等我开口，他主动提出减少一点租金。我希望租金再低些，说出所能负担的数目，他一口就答应了。

临走时，他还转头问我："你房间里，有没有需要装修的地方？"

如果我用了其他房客所用的方法，要求房东减低房租，我确信会遭遇到和他们同样的结果。友善、赞赏、同情的方法，才使我达到了目的。

迪安·伍德考克来自宾夕法尼亚州匹兹堡市，是当地电气公司的一个部门主管。他的团队要去修理电线杆顶的设备。这类工作原先由另一个部门负责，最近才转到他的部门。虽然已经对员工进行了培训，但这实际上是他们第一次接受此项任务。公司里的人都在关注他们是否应付得了。伍德考克先生和手下几名经理，以及其他相关部门的人一起去检查操作情况。现场停着许多轿车和卡车，不少人站着围观，两个人正在电线杆顶上孤军奋战。

环视四周，伍德考克注意到一个男人拿着照相机从轿车里出来，在街对面开始拍照片。显然有人故意把消息透露给媒体了。伍德考克突然意识到，这个场面好像是专为这个背着照相机的人准备的——这会破坏他们公司的形象，因为一大帮人被派出来做只需要两个人的工作。他慢慢地穿过街道走向那个摄影师。

"我看见你对我们的操作很感兴趣。"

"是的，我母亲会更感兴趣。她持有你们公司的股票。这下她会大开眼界了，她可能会发现她的投资并不明智。几年前，我就已经告诉她了，像你们这样的公司存在着大量的人力浪费。今天就证明了这一点。报纸也可能喜欢这些照片。"

"看上去的确如此，对吧？站在你的位置，我的想法会和你一样。可这是一个特别的情况……"迪安·伍德考克解释他的部门是第一次处理此类工作，而站在下面的每一位经理主管人员都很关心其进展情况。

他向摄影师保证说在通常的情况下，两个人是能够完成任务的。摄影师放下了照相机，握着伍德考克的手，感谢他肯花时间解释情况。

迪安·伍德考克友好的表示使他的公司免遭负面的曝光，不至于陷入困窘的境地。

训练课的另一位学员詹瑞德·韦恩住在新罕布什尔州的利特尔顿市，他汇报了自己怎样应用友善的方法使损害赔偿的要求得到了妥善的解决。

早春时候，大地还没有从冬天的冰冻中苏醒过来，我们就遭受了一场罕见的强烈暴风雨。本应流到沟渠里的水淹没了道路，漫入了许多房屋，而我的新家也在其中。

由于雨水无法排出，房屋的地基承受了积水巨大的压力。水在地下室的混凝土地面下越积越多，终于导致地板爆裂，地下室里灌满了水。还损坏了锅炉和热水器。修复这些损毁设备的花费超过了两千美元，而我没有买过这方面的财产保险。

可是，我很快发现房子周围没有设置排水沟，显然这片房屋的所有者在建房时忽略了这一点，否则这种积水问题是不会发生的。我约好了与房主见面。去他的办公室有二十五英里的路程，路上我仔细地分析了情况，记起在训练班学到的那些原则，我觉得显示我的愤怒并不能达成任何有益的目标。到了以后，我表现得十分平静，开始谈论他最近去西印度群岛度假的情况。然后，我觉得时机差不多了，就提到了水灾损失这个“小”问题。他很快同意尽他的能力帮助我解决这个问题。

几天后，他给我打电话，告诉我他会赔偿我的损失，还修了一条泄洪水沟，以免将来发生同样的问题。

尽管这是房主的过错，但是如果我不是以一个友好的方式开始的话，很难让他同意支付这么大数额的款项。

多年以前，当我还是住在密苏里州西北部，每天赤脚走过树林到乡村学校去上课的小孩时，读到一个关于太阳和风的寓言。太阳和风争论谁的力量大！风说：“我马上证明给你看。看到那穿着大衣的老人了吗？我打赌我可以比你更快地让他把那件大衣脱下。”

于是，太阳躲进云里去，那风就吹刮起来，几乎成了一股飓风，可是那风吹得越大，老人把大衣朝身上裹得越紧。

最后，风安静下来，表示放弃。接着，太阳从云后面出来，对着老人和善地笑着。没有多久，老人抹了把额头上的汗，把他的大衣脱了下来。太阳对风说，温柔、友善的力量，永远比愤怒和暴力更强有力。

如果一个人懂得了“一滴蜂蜜比一加仑的胆汁，可以捉到更多的苍蝇”的道理，那他将日复一日地证明温柔、友善的作用。马里兰州陆瑟威尔的吉尔·康纳就证明了这个道理。当时他不得不把刚买了四个月的汽车第三次送进汽车经销商的服务部。他对学员们说：

显而易见，和服务经理交涉、评理、大喊大叫不会使我的问题得到满意的解决。

我来到展厅要求见代理商怀特先生。等了一会儿后，我被引入怀特先生的办公室。自我介绍后，我向他解释我从他的经销店购买汽车是因为听了曾和他打过交道的朋友们的推荐，他们说这里的价格很有竞争力，服务也很出色。他听着我的话，露出了笑容。然后我说明了我和服务部之间的问题。“我想，您可能已经意识到，有些情况可能有损您良好的声誉。”我补充道。他感谢我在这个问题上对他的提醒，并向我保证我的问题一定会解决。他本人不仅亲自过问此事，还在我的汽车维修期间把他的车借给我用。

伊索是希腊大富豪宫廷中的奴隶，在基督降生前六百多年，他编著了一部不朽的寓言作品。他教导的关于人类本性的真理至今仍然正确，就如同现在的波士顿和伯明翰与两千五百年前的希腊雅典一样。太阳比风能更快地让你脱去外衣。慈爱、友善的言词和赞美，能使人改变原有的心意，比世界上所有的威吓和咆哮更容易让人接受。

规则4：以友善的方式开始。

5.苏格拉底的秘密

跟人们谈话时，别一开始就讨论你们意见相左的地方，不妨先强调——要不停地强调那些意见相同的事情。如果可能的话，你更应该着重指出，你们所追求的是同一个目标，不同的只是方法而已。

让对方开口便说“是的，是的”，如果可能的话，尽量防止他说“不”。

哈里·A. 欧佛斯瑞特教授在他那部《影响人类的行为》书中说过，对“不”字的反应，是人类最不容易克服的障碍。当你说出“不”字之后，你骄傲的自尊会要求你坚持己见。也许事后你会觉得自己说出这个“不”字很欠考虑，可是，你宝贵的尊严怎么办！一旦话已出口，你会发现自己必须坚持到底。所以，让别人在一开始的时候就往肯定的方向走，是非常重要的。

说话有技巧的人在开始交谈的时候就能得到很多“是”的回答，以此将对方的心理导向肯定的方向。这就像台球运动。如果朝同一个方向打球，只要费点力气让球偏转就行了。如果要把球送到相反的方向，就要用更大的劲儿。

这种心理模式相当清楚地表明，当一个人说出“不”字表示反对时，他可不仅仅是说说而已。他所有的器官——腺体、神经、肌肉——完全调动起来，形成一个“拒绝”的状态。这种状态会引起身体各组织的收缩和紧张，通常持续时间比较短，但有时候却到了显而易见的程度。相反，当一个人回答“是”的时候，体内那些器官不会产生收缩动作，组织处于积极、接受、开放的状态。所以，在谈话的初始阶段，我们让对方说出“是”的回答越多，我们真正的建议就越有可能引起对方的注意。

这是一个很简单的技巧——让对方说“是的”。可是，人们是多么忽略它啊！一开口就要反对他人的意见，这样做似乎能显示出自己的重要性。

如果你的学生、顾客、丈夫或者是妻子，一开口就是个“不”字，那么让他们的态度由否定转为肯定，就需要你付出大量的脑筋和耐心了。运用这个让他人说“是，是”的方法，纽约格林尼治储蓄银行的出纳员詹姆士·艾伯森挽回了一位可能失去的客户。

艾伯森先生这样说：

这人进来开立新账户，我把常规的表格交给他填写，有的他会痛快地填写，但有些他却拒绝回答。

如果在我尚未研究人际关系之前，我会告诉那位顾客，如果他拒绝给银行提供表格上所列的个人资料，那我们不得不拒绝为他开户。我很惭愧，以往我都是这样做的。自然地，当我发出最后通牒后，我的自我感觉良好。我说银行的规定不容违反，借此来显示我的地位。但是这种态度对于走进银行提交申请的顾客来说，就不是一种受欢迎和受重视的体验了。

今天上午，我运用了一点普通常识。我决定不谈银行的要求，而说点顾客的需要。最主要的，我决定让他一开始就回答“是，是”。因此我表示了认可，告诉他那些他拒绝提供的资料，不是绝对必须的材料。

我说：“不过，若是你去世时，你有钱存在这个银行，你愿意让银行把存款转交给你的家属吗？”

“是的，当然愿意。”他回答。

“那么你是否认为把你亲属的姓名填在这份表格上会更好一些呢？假若你不幸去世，我们就可以及时无误地按照你的意思处理你的存款。”

他又说：“是的。”

当那位顾客明白了我们请他提供相关信息不是为了银行，而是完全为他考虑时，他的态度和缓下来，有了改变。他离开银行前，不但提供了完整的个人信息，而且还接受了我的建议开了个信托账户，指定他的母亲作为账户受益人，并且很高兴地回答了有关他母亲的相关问题。

我发觉通过让他一开始就说“是，是”，使他忘了争执的问题，并且很愉快地照我的建议去做。

西屋电气公司销售代表约瑟夫·埃里森讲了他的一段故事。

在我负责的推销区域里有一位重要客户，我们公司非常想和他做生意。过去那位推销员花了十年的时间，却始终没有谈成一笔交易。我接管这一地区后，花了三年时间也没有得到他的订单。最后，经过十三年的访问和会谈后，我们终于卖给了他几台发动机。如果这些发动机运转正常，会带来几百台发动机的大订单。我就是这么打算的。

我知道这些发动机不会有任何故障、毛病。于是，三个星期之后，我满怀希望地去拜访他。接待我的总工程师的话让我很吃惊：“埃里森，我们不能再买你的发动机了。”

“为什么？”我困惑地问，“什么原因？”

“因为你的发动机太热了，我不能将手放在上面。”

如果跟他争辩不会有任何好处，我经历过太多这类教训了。所以，我想运用让他说出“是”的办法。

“噢，现在看来，史密斯先生，”我说，“你所说的我百分之百同意。如果那些发动机发热过高，你就不应该再买了。你一定需要运转时发热量低于国家电气制造者协会规定的标准的发动机，是不是？”

他完全同意。我得到了第一个“是”的回答。

我又说：“电气制造者协会规定，一架标准的发动机，可以较室内温度高出华氏七十二度，对吗？”

"是的。"他表示同意，说，"非常正确。可是你的发动机却比这温度高多了。"

我没和他争辩，我只问："工厂车间的温度是多少？"

"噢，"他说，"大约华氏七十五度左右。"

"那么，"我回答说，"如果车间的温度七十五度，再加上七十二度，一共是华氏一百四十七度。如果你把手放进华氏一百四十七度的热水里，是不是会把手烫伤？"

他不得不又说了一个"是的"。

我向他建议："一个明智的办法是你别用手碰那架发动机，对不对？"

"嗯，我想你是对的。"他承认说。我们又聊了一会儿，然后他把秘书叫来，为下个月订了价值差不多三万五千美元的货物。

我花费了多年的时间，损失了数万元的买卖，最后才明白，争辩没有一点意义。从对方的观点去考虑，并且设法让别人回答"是，是"，会带来更多的收益，也更有乐趣。

埃迪·斯诺是加利福尼亚州奥克兰市卡耐基训练的发起人，他讲述了他之所以成为一家商店的忠实顾客，正是因为店主总能让他说"是的，是的"。埃迪对弓箭打猎很有兴趣，花了相当多的钱在当地一家弓箭商店购买装备。有一次他的弟弟来访，他就想从那家商店给弟弟租一套弓箭设备。售货员告诉他，他们不对外出租弓，于是埃迪打电话给另一家商店。

一个非常愉快的男士接了电话，他对我求租的反应完全不同。他说很抱歉他们已经不出租弓箭了，因为费用太高。他随即问我以前是否租过，我回答说："是的，几年以前租过。"他提醒我那时的租赁价格可能是二十五到三十美元一套，我又回答"是的"。他问我是不是喜欢节省开支的人，当然，我回答"是的"。他解释说他们现在出售的一套弓箭，包括所有的配件在内，售价是三十四点九五美元。我只要比租赁的价格多付四点九五美元就可以买下一整套弓箭。他说这就是他们不再开展出租业务的原因。我是不是认为他的解释合乎情理呢？我的点头称“是”让我预购了一套弓箭，而且在我取货的时候还买了其他更多的东西，从此成为这家商店的常客。

希腊大哲学家苏格拉底是世界上最伟大的哲人，被誉为“雅典时代的牛虻”。他对世人的贡献，有史以来没有几个人能够做到：他极大地改变了人类思想的整个进程。直到他去世二十四个世纪后的今天，他还被尊为曾经影响世界的最智慧的劝导者之一。

他用了什么方法？他曾指责别人的过错吗？不，不，苏格拉底可不这样。他的一整套处世技巧，现在被称为“苏格拉底辩证法”，就是建立在让对方回答“是的，是的”这一基础上的。他问的问题，都是他的反对者不得不赞同的。他不断地获得对方一个又一个的认可，直到他赢得一大堆的“是的”。他不断地提问，到最后，他的反对者发现在不知不觉中，他们自己已经接受了数分钟前还在坚决否认的结论。

下次当我们试图指出人们的错误时，记住古老的苏格拉底的方法，并且问一个和气的问题，使自己能够得到对方“是的，是的”的回答。

规则 5：让他人立刻回答“是的，是的”。

6.对付抱怨者的安全妙招

大多数人想要赢得他人的赞同时，总是说话太多。这时，你应该让他们畅所欲言。他们对于自己的业务或问题，当然要比你知道得多。所以你应该向他们提问，让他们告诉你需要了解的事。

如果你不同意他的话，你可能很想打断他。但不要这样，那很危险。当他还有很多意见要发表时，他不会把注意力放到你身上。所以，耐心地倾听，怀着开阔的心胸，而且用最诚恳的态度鼓励他知无不言，言无不尽。

这种策略用在商场上有效吗？让我们来看看。这里有一个销售代表被逼无奈而尝试这样做的故事。

美国一家最大的汽车制造公司，正在商议采购一年中所需要的汽车装饰布料。当时有三家重要的生产厂商把布料样品送去备选，这家汽车公司的经理验看后，通知三家厂商在某日各派一位代表前来商谈，给各厂商最后一次竞争的机会。

R 先生是他们其中一家厂商的代表，他抵达目的地时偏偏患了严重的喉炎。R 先生在我的训练班中汇报说：

当轮到我去见汽车公司经理时，我已经失声了，几乎连一点声音也发不出来。我被带进一间办公室，发现我要面对的是纺织工程师、采购经理、销售主任和那家汽车公司的总裁。当我站起来努力想要说话时，只能发出吱吱的声音来。

他们是围着一张桌子坐的，我只能用笔把话写在纸上："诸位先生，我嗓子哑了，不能说话。"

那位总裁说："好吧，让我来代替你发言。"他真的替我说话了。他展示了我的样品，称赞了这些样品的优点。一次关于我的货品质量的讨论就这样有趣地开始了。既然那位总裁替我说话，在讨论的时候，他自然地站在我的立场上。当时我能做的只有微笑、点头或是一些手势。

这个奇特会议的结果是，我获得了订货合约，这家汽车公司向我订购了五十万码、总价值一百六十万美元的装饰布料——这是我迄今为止接受的最大一笔订单。

我知道，如果不是我说不出话来，我会失去那份合同，因为我对整个事情有错误的观念。这次我非常偶然地发现，原来让别人讲话，有时是很值得的。

和商业活动一样，在家里也应该让他人发表看法。芭芭拉·威尔逊和女儿劳里的关系迅速恶化。劳里原来是一个安静、满足的孩子，十几岁时却变得不听话了，有时像个刺头一样好战。威尔逊夫人教训她、威胁她、惩罚她，都没有奏效。

威尔逊夫人在训练班上讲：

一天，我都要放弃了。劳里不仅违抗我的命令，还没做完作业就到她的朋友家去玩了。她回来以后，我打算第一万次向她叫喊，但是我已经没有力气这么做了。我只是看着她，难过地说："为什么，劳里，为什么？"

劳里注意到我的情绪，她用平静的语气问我："你真的想知道？"我点点头。劳里开始讲述，起先还有些犹豫，后来简直是一股脑儿地倒了出来。我从来没有倾听过她的话。我总是告诉她做这个做那个。当她想告诉我她的想法、她的感觉、她的主意时，我都会用更多的命令打断她。我开始意识到她是需要我的，不是作为一个专横的母亲，而是作为一个知心朋友。当我应该倾听的时候，我所做的全部事情却是不停地说。我从来没有听听她是怎么说的。

从那时起，我让她畅所欲言。她告诉我她的感受，我们的关系很快改善了。她又变回了从前那个听话的孩子。

纽约一家报纸在它的经济版中，刊登了一则大幅的广告，招聘一位有特殊能力和经验的人。查尔斯·库柏利斯应征了广告，把他的简历寄到了指定的信箱。几天后，他接到复函，约他面试。面试前，他花费了很多时间在华尔街尽可能打听关于这家公司创办人的情况。见面的时候，库柏利斯说："能和像您这样有成就的商业机构接触，我感到十分自豪。听说你在二十八年前开始创业的时候，除了一间办公室和一个速记员外，什么都没有，是不是真有这回事？"

几乎每一个成功人士都喜欢回忆早年的奋斗经历，这位创始人也不例外。他讲了很长时间，说他当初是如何用四百五十元现金和一个原始的想法，白手起家的经过。他告诉库柏利斯，他是如何战胜了沮丧的情绪，回击了对他的奚落。他星期天和节假日从不休息，每天工作十二到十六个小时。他最终赢得了所有成功的机会，现在连华尔街最重要的经理们都来向他寻求建议和指导。他对自己这样的成就感到自豪。他有权利说，他拥有精彩的人生。最后，他简单问了库柏利斯先生的经历，随后把一位副总经理请来说："我想这位先生，就是我们要找的人。"

库柏利斯先生费尽心思，去寻找他未来上司的成就，他对他人表示了关心，鼓励他人多说话，从而给对方留下了很好的印象。

加利福尼亚州首府萨克拉曼多市的罗伊·布拉德利遇到的问题刚好相反。他的公司里有一个销售职位空缺了，需要招聘一个很有能力的人。

他是这样汇报的：

在我们这样小的经纪公司里，没有像住院治疗、医疗保险和养老金这些额外的福利。每一个代表都独立工作。我们不能给求职者提供光明的前景，因为我们没有能力像强大的竞争对手那样去做广告。

理查德·普莱尔正是我们要找的那类经验丰富的合适人选。他刚开始和我的助手见面时，助手把这个工作所有负面的信息都告知了他。所以当他走进我的办公室时，看上去有点失望。我提到了一点好处，如果加入我们公司，就相当于成了独立的承包人，因此实际上是在为自己工作。

当他讨论这些好处的同时，他也逐条分析了负面的信息。有好几次，他似乎一半是对我说，一半是对他自己说。有时我会补充他的想法。会谈结束后，我感觉他对自己充满了信心，他愿意接受这份工作。

因为在会谈的大部分时间里，我都鼓励他说出自己的想法，而我则作为一个好的听众。所以他能够自己权衡利弊，最后作出了积极的决定，要挑战自我。我们聘用了他，他很快成为我们公司出色的业务代表。

即使是我们的朋友，也宁愿多谈他们的成就，而不喜欢听我们吹嘘自己。法国哲学家拉罗什福科，曾这样说过："如果你想树敌，就胜过你的朋友。可是，如果你想获得更多的朋友，就让你的朋友胜过你。"

为什么会这样呢？因为当朋友胜过我们时，他感到了自己的重要性，可是，当我们胜过朋友时，他们——或者说他们中的一些人——会感到自卑和妒忌。

到目前为止，纽约市职业中介里最受欢迎的法律顾问是亨利艾特。但是最初的情况却不一样。当她刚进入中介公司的几个月里，同事们没有人愿意和她交朋友。为什么呢？因为她每天都吹嘘自己的工作、新发展的客户和其他得意的事。亨利艾特在训练中说：

我很擅长我的工作，并为此自豪。但是我没有和我的同事们分享我的胜利，他们好像憎恨我的成绩。我真的很想被这些人接受。我真的希望他们成为我的朋友。我听从了训练课上学到的一些建议，开始少讲我自己的事，多听合作者的话。他们也有值得炫耀的事，更愿意把他们的成就告诉我，而不是听我吹嘘。现在，我们有时会聊天，我和他们一起分享他们的快乐，只有当他们问起的时候，我才会提到我的功绩。

规则 6：让他人多多发言。

7.如何与他人合作

对你自己想出来的主意，你是不是觉得比别人奉送给你的意见更加可信呢？如果是这样的话，你把你的意见硬生生塞进别人的喉咙里，这是不是错误的判断？如果提出意见，启发别人得出结论，这是不是一个更明智的办法？

费城的阿道夫·赛尔兹先生，是一个汽车展示厅的销售经理，也是我们训练班的一位学员。他突然觉得有必要给手下一群纪律涣散、情绪失望的汽车推销员灌输些热情和信心。他召集了一次推销员会议，鼓励员工们准确地告诉他，希望作为领导的他具备什么样的素质。他一边听一边把员工们提出的意见都写在黑板上。然后他说："如果我具有所有这些你们希望的品格，那么，请你们告诉我，我该怎样要求你们的素质呢？"答案很快就出来了：忠心、诚实、乐观、进取、团队合作和每天八小时的热忱工作。会议结束时，员工们充满了新的勇气、新的鼓励，有个销售员还自愿每天工作十四个小时。赛尔兹先生告诉我，销售额也随之增加了。

我和他们做了一次精神上的交易。只要我对工作尽心尽力，他们也愿意尽最大的力量。跟他们讨论他们的希望和渴求，那正是他们迫切需要的。

没有人喜欢被推销，或是被命令做什么事。我们更愿意随自己的心愿买东西，或是照着自己的想法做事情。我们愿意有人跟我们谈谈我们的希望、我们的需要和我们的想法。

就拿尤金·威森先生的情况来举例说明。在他尚未研究人际关系学之前，他损失了上万元的佣金。威森先生的工作是向服装设计师和纺织工厂推销他们工作室设计的服装草图。威森先生几乎每星期都去拜访纽约某位著名的设计家，已经有三年的时间了。“他从来没有拒绝接见我，”威森先生说，“可是他也从没有买过我的图样。他总是非常仔细地看我的草图，然后说‘不，威森先生，我想今天我们还是不能合作’。”

经过了一百五十次的失败后，威森意识到自己一定是陷入了某种心理定式。所以他决定每星期利用一个晚上的时间研究如何影响人的行为，帮助他开发新的理念，产生新的热情。

他决定试试新的方法。他拿了几张设计家们尚未完成的图样，走进那位客户的办公室。“如果你愿意，我想请你帮我一点忙。”威森说，“这里有几张尚未完成的草图。你能告诉我，我们该怎样完成它，才能符合你的需要呢？”

这位买主对着草图看了一会儿，没有说话。最后他才说：“威森，你把图样放在这里，过几天再来找我。”

三天后，威森又去他那里，得到了客户的建议，把图样拿回工作室，按照那位客户的意思完成了图样。结果如何呢？这位买主买下了全部的设计。

此后，这位买主又从威森那儿订了大批图样，都是照着他的意思画的。威森说：“我终于明白过去几年失败的原因了。我热切地希望他买我认为他需要的画。现在我完全改变了做法。我请他提供他自己的意见，使他觉得他创造了那些图样。现在不用我向他推销了，他会主动来买。”

让他人感到这个想法是他（她）的，不仅适用于商场和政坛，也同样适用于家庭。俄克拉荷马州塔尔萨市的保罗·戴维斯在课堂上汇报了他是怎么实践这一原则的。

我的家人和我曾经愉快地度过了一个最有意思的观光假期。参观历史遗迹是我梦想了很久的事，比如国内战争盖茨堡战役的战场，费城的独立大厅，美国的首都华盛顿，詹姆斯敦、威廉斯堡修复的殖民村落，都是我列出的清单中最想去的地方。

可是三月份，我的妻子南茜提出她想在我们夏天的假期中去美国西部各州旅行，游览新墨西哥州、亚利桑那州、加利福尼亚州和内华达州的名胜。显然，我们的两种计划产生了矛盾。

我们的女儿安妮刚刚在初中学完了美国的历史，对美国建立、发展中的重大历史事件非常感兴趣。我问她是否愿意下个假期去参观她从课本上了解到的那些地方，她说她非常乐意。

两天以后的那个晚上，我们围坐在餐桌旁，南茜宣布，如果大家同意，我们夏天的假期会去美国东部各州旅游，这对安妮来说会是一次很棒的旅行，对我们大家都有吸引力。我们做到了两全其美。

一位 X 光仪器制造商运用同样的技巧，成功地把他的设备卖给布鲁克林市最大的一家医院。这家医院正在筹建一个新的部门，准备购置一套最好的 X 光仪器。部门负责人 L 医生于是被那些推销员包围了，每个人都说他自己公司的设备是最好的。

但是，其中有一位制造商很高明，他比其他推销员更懂得待人处事的技巧。他写了这样一封信：

我们工厂最近完成了一条新的 X 光仪器生产线。第一批货已运来我们办公室，但是我们知道这些设备并不尽善尽美，我们想再加以改良。所以如果您能抽时间来我们这里参观一次，并给出您的建议，以使其更适合你们的专业应用，我们将非常感激。我知道您平时工作繁忙，我很愿意在您指定的时间派车来接您。

L 医生在我的训练班上讲述这件事的经过：

接到那封信，我感到很吃惊，可以说我是既惊讶又高兴。以前从来没有一个 X光仪器制造商会征求我的意见。这让我觉得受到了重视。那一个星期，我每晚都很忙，可我还是取消了一个约会，去参观那套新的仪器。我越研究它，就越发现自己是多么喜欢它。

没有任何人强迫我买，我觉得为医院购进那套设备，完全是我的意思。可以说是我自荐购买并安装了这套具有先进品质的设备。

拉尔夫·沃尔多·爱默生在他的散文《依靠自己》中写道：“在天才的每一部作品中，我们都能发现被我们否定的思想，它们带着陌生的权威又回到我们身边。”

当伍德罗·威尔逊入主白宫期间，陆军上校爱德华·豪斯对美国和国际事务都有很大的影响。威尔逊总统信赖豪斯上校的程度甚至超过了内阁成员，所有机密的事都跟他商议。

豪斯上校用了什么方法来影响威尔逊总统的？很幸运，豪斯上校本人曾对亚瑟·豪敦·史密斯透露过其中的奥秘，而史密斯在《星期六晚报》的一篇文章中，引用了豪斯的话。

豪斯是这样说的：

认识了总统以后，我发觉，使他改变观念最好的办法，就是不知不觉将想法移植到他的心里，使他感兴趣，使他以自己的理由去思索。这种方法第一次奏效其实很偶然。我曾去白宫拜访他，力劝他采取一项政策，而这项政策他看上去并不赞同。但是几天以后，在一次晚宴中，我很惊讶地听到威尔逊总统炫耀说我那项政策是他自己的想法。

豪斯上校是否打断了总统的话，挑明“那不是你的意见，而是我的”？不，没有，豪斯上校绝不会那样做。他太明白其中的道理了。他并不在乎居功，只求结果。所以他让威尔逊总统继续感觉到那是他自己的意见，而且还公开赞誉总统。

让我们记住，我们明天所要接触的对象，和伍德罗·威尔逊总统一样，都有人性的弱点，所以我们要用豪斯上校的方法。

加拿大美丽的新布朗斯威克省有一个人，就用这个方法得到了我的光顾。那时，我计划去新布朗斯威克省钓鱼、划船。于是，我写信给旅行社，了解情况。显然，我的姓名、住址，已被列入一份邮递的名单中，因为我立刻就接到了一大堆该地区各个露营地和向导写给我的信件、小册子等。我有点不知所措。后来，一位露营地的主人做了一件很聪明的事。他寄给我几个他曾经招待过的纽约人的姓名和电话号码，请我自己打电话给他们，去调查他的服务情况。

我很惊讶地发现在这份名单中，有我认识的一个人。我就打了个电话给他，打听他那次野营的经历，然后打电报给那个露营地，告诉他我的行程安排。

其他的人都想把他们的服务推销给我，可是只有那位露营地主人让我主动愿意接受他的服务。

两千五百年前，中国的一位圣人老子说过一席话，可以让本书的读者受益无穷：

江海之所以能为百谷王者，以其善下之，故能为百谷王。是以圣人欲上民，必以言下之；欲先民，必以身后之。是以圣人处上而民不重，处前而民不害。

规则 7：让他人感觉到这个想法是他（她）的。

8.能够为你创造奇迹的处方

我们要记住，对方可能彻彻底底地错了，但是他们不会承认。不要指责他们，只有傻瓜才会那样做。去试着了解对方，只有聪明、宽容、特别的人才会去了解对方。

为什么他人这样想、这样做，一定有他的理由。探求出那个理由，那么你就掌握了他行动和人格的关键。试着真正把自己放在他的位置上。如果你这样对自己说："如果我处在他的境地，我将有何感受，作何反应？"你会省去许多时间和烦恼，因为"知道了起因，我们会不那么憎厌这个结果"。此外，你还可以提高人际关系上的技能。

肯尼思·古德在他的《点"人"成金》一书上说过："停下一分钟，把你对你自己的事情的热心程度，和对于其他事情的漠不关心作一个比较，你就会知道，世界上每个人都是如此！然后，你就可以跟林肯和罗斯福一样，把握住人与人之间关系最根本的基础。即成功的人际交往，依靠的是了解别人的观点，并报之以同情的态度。"

纽约州的萨姆·道格拉斯过去经常说他的太太在草坪上花了太多时间，拔草、施肥，每个星期修剪两次，然而草坪并不比四年前他们搬到这里时更漂亮。很自然地，妻子对他的话感到很沮丧，每一次他这样责备她，两人都会很不愉快。

参加了训练后，道格拉斯先生意识到这些年他是多么愚蠢。他从来没有想过妻子很乐意做这样的事，她的辛勤劳动的确应该得到赞扬。

一天晚饭后，他的太太说她想去拔草，而且邀请他帮忙。起初，他拒绝了，但是考虑了一下，他跟着她出去，开始帮她拔草。妻子显然很高兴，他们一起边干边聊了一个小时。

那以后，他经常帮助妻子整理花园，并称赞妻子把草坪打理得非常漂亮。当她把院子里的松土处理得像混凝土一样美观时，他也赞赏道：这是多么奇妙的工作！结果，因为他从除草这件事上学会了从妻子的角度看问题，两个人的生活更幸福了。

在《与人交往》一书中，盖洛德·尼瑞博格评论说：

当你表现出为他人着想，把它当做自己的事情看待时，就能赢得他人的合作。谈话一开始你就向他人表明自己的目的和方向，注意自己的言行，在你倾听的时候要抓住他的重点，积极地接受他（她）的意见，这样做，会鼓励对方对你的意见也敞开胸怀。

多年来，我总是喜欢在我家附近的一座公园里散步、骑马。就像古代高卢人的德鲁伊教团员一样，我对橡树怀有崇敬之情，所以，当我年复一年地看到小树和灌木丛被火烧死时，感到非常难过。这些火，不是由于吸烟者的疏忽，大多数是孩子们来到公园生火做法兰克福烤肠和鸡蛋所造成的。有时，火势很猛，需要叫消防队来才能扑灭。

公园的边上，有一个标志牌上写着，“凡引起树林火灾者，将受到罚款或监禁的处罚”。可是那块标志牌立在很偏僻的地方，很少有人会看到。有一位骑警似乎是负责管理这公园的，但是由于他并没有十分尽责，所以火灾还是年年发生。有一次，我着急地赶到警察那边，告诉他公园里有火正在急速蔓延，要他马上通知消防队。可是他冷淡地回答说那不是他的事，因为不是他的管区！我绝望了，从那以后，每逢我骑着马来公园，便自己执行保护公共财产的职责。起初，我恐怕从未想到过孩子们的观点。当我看到他们在树下生火做野餐时，心里就非常不高兴，十分迫切地想要做些应该做的事。我会立即骑马到他们那里，告诉他们，在树下生火是要被拘禁的，我以权威的口气命令他们把火熄了。而且，如果他们不听，我会吓唬要把他们逮捕。我只是在发泄我的情感，没有想到他们的想法。

结果如何呢？他们遵从了，可是心里并不服气。当我骑着马跃过山头后，他们可能又生起火来，甚至还想把整个公园烧掉。

几年后，我学会了些待人的技巧，有了一点与人相处的手腕，有时更倾向于从别人的立场去看事物。于是，我不再命令人家，我会骑马来到一个燃烧的火堆旁这样说：

孩子们，你们玩得高兴吗？你们的晚餐打算做些什么？我小时候，也喜欢自己生火做野餐，现在我仍然喜欢这么干。可是你们要知道，在公园里生火是很危险的。我知道你们都是好孩子，不会惹出什么麻烦，可是别的孩子就不会像你们这样小心了。他们来这儿看到你们生火，他们也跟着玩起火来，回家时没有把火熄灭，就很容易把干燥的树叶烧着，把树烧死。假如我们不小心，这个公园就不会再有树了。在公园生火是要被监禁的。但我不想蛮横地破坏你们的好兴致，我希望你们玩得很高兴。只是你们愿意立刻把树叶拨得离火远一点儿吗？你们离开之前，会在火堆上盖上很多泥土，是吧？如果你们下次再想玩时，愿意去那边的沙堆生火吗？那里不会有危险……孩子们，非常感谢你们，希望你们玩得愉快。

这些话产生了多么不同的效果呀！它使孩子们很听话。他们没有闷闷不乐，没有憎恨，他们不必被迫服从命令。他们觉得满意，我也觉得满意，因为我考虑到他们的立场，从而解决了问题。

当个人问题受到困扰时，用别人的视点看问题会缓解压力。澳大利亚新南威尔士的伊丽莎白·诺瓦克已经拖欠她的汽车分期付款有六个星期。她说：

一个星期五，我接到了一个粗鲁的电话，是负责处理我账目的人打来的。他通知我如果到了下个星期一上午，我还没有交上一百二十二美元，他们公司就要采取进一步的行动了。我没办法在周末拿出钱来，星期一上午他又打来电话时，我第一件事就是做好了最坏的打算。我没有心烦，而是从他的角度看了看目前的情况。我非常真诚地道了歉，因为给他带来了这么多不便，我还说，我一定是最麻烦的顾客，我没有按期还款已经不是第一次了。他的声调立刻发生了变化，他说我还远远称不上是最让人头疼的顾客。他接着告诉我几个例子，他的顾客有时是多么粗鲁，他们如何欺骗他，经常躲避他的电话。我什么也没说。我就这么听着，听他向我倒苦水。然后，我没有做任何暗示，他就说如果我不能立刻支付所有的欠款也没关系，如果我能在月底先付给他二十美元，然后在我方便的时候付清余额就行了。

明天，当要求别人把火熄灭，或者购买你的产品，或者为慈善事业募捐时，为什么不闭上眼睛，试着把整个事情从对方的角度来考虑呢？问问自己："他（她）为什么要这么做？"是的，那要花费时间，可是，你会避免树敌，得到更好的结果，而且减少了摩擦和不愉快。

"当我要跟一个人会谈前，我宁愿在那人办公室外面走廊上，来回走上两小时，"哈佛大学商学院的迪安·多海姆说，"而不愿意在我还没有非常清楚地想好我要说的话，以及这个人可能作出的回答时——以我对他的兴趣和动机的了解——就贸然闯进他的办公室。"

这句话太重要了，我愿意再重复一遍以示强调。

"当我要跟一个人会谈前，我宁愿在那人办公室外面走廊上，来回走上两小时，"哈佛大学商学院的迪安·多海姆说，"而不愿意在我还没有非常清楚地想好我要说的话，以及这个人可能作出的回答时——以我对他的兴趣和动机的了解——就贸然闯进他的办公室。"

如果，当你看过这本书后，你只学到了一件事——更倾向于根据他人的视点思考，就像从我们自己的角度一样，从他人的角度出发去看问题——如果从本书你学到这些，那么它会很容易地证明，这正是奠定你事业的一块基石。

规则 8：试着真诚地从他人的视点看事情。

9.了解每个人的想法

你是不是愿意拥有这样神奇的一句话，它可以停止争辩、消除怨恨、产生好感，使人们注意地听你谈话?

你愿意。好吧。这句话就是："你有这样的反应，我一点儿也不会怪你。如果我是你的话，我肯定也会有同样的感觉。"

这样的回答，会让世界上最刚愎自用的老顽固也会软化下来。你必须以100%的真诚说出那些话来，因为假如你是他的话，当然会有和他同样的感觉。看看我们前面提到的阿尔·卡彭的例子吧。设想一下你接受了和卡彭一样的遗传，性情、思想与卡彭完全相同。设想一下你生活在他的环境和经历中，那你就会成为跟他一样的人，去他所去的地方。因为以上这些因素——而且只有这些因素——决定了他会成为什么样的人。打个比方，你之所以不是响尾蛇，唯一的原因是你的父母不是响尾蛇。道理是一样的。

你成为现在这个样子，并没有什么值得炫耀的。记住，那个激怒了你、固执、不近情理的人，他之所以这样，并不全是他的责任。要对这可怜的家伙表示惋惜、怜悯和同情，提醒自己："如果不是上天的恩赐，我也会和他一样。"

你明天遇到的人中，可能有四分之三都渴望同情。对他们慷慨地给予同情，他们就会喜欢你。

有一次，我在广播上提到了《小妇人》的作者路易莎·梅·奥尔科特女士。自然，我知道她住在马萨诸塞州的康科德，并在那里写出了她的不朽名作。但是，我想都没想，就说我曾到新罕布什尔州的康科德拜访过她的故居。假如我只说了一次"新罕布什尔州"，也许可以原谅，可是，唉，真不幸，我接连说了两次。随后，信函和电报铺天盖地，就像一群野蜂似的围绕在我毫无防备的头顶，质问我，指责我，有的简直是侮辱。其中有位生长在马萨诸塞州的康科德，现居费城的殖民时代的女爵士，激烈地对我发泄了她的愤怒。即使我把奥尔科特女士说成是新几内亚岛的食人族，她的愤怒也无非如此。我看到她那封信时，自言自语说："感谢上帝，幸亏我没有娶那样的女人。"我非常想写封信告诉她，尽管我弄错了地名，可是她却连起码的礼节常识也不懂。我开头就是这么写的。然后，我还会撸起袖子去告诉她我的真实想法。可是，我并没有那样做。我克制住自己。我知道只有头脑发热的傻瓜，才会那样做——大多数愚蠢的人都会这么做。

我不想成为傻瓜。所以我决定要试着把她的仇视变成友善。这是个挑战，是我愿意玩的一种游戏。我对自己说："不管怎么说，如果我是她的话，可能也会有同样的感觉。"所以，我决定对她的观点表示理解。下次我去费城的时候，我给这位老太太打了个电话。我们的通话是这样的：

我：某某夫人，几个星期前你写了一封信给我，我想为此对你表示感谢！

她：（用尖锐而有教养的语调）你贵姓？

我：对你来讲，我是一个陌生人，我叫戴尔·卡耐基。几个星期前，你听了我在电台的广播，关于路易莎·梅·奥尔科特女士的发言。我犯了不可宽恕的错误，竟然说她的生长地是新罕布什尔州的康科德。那真是愚蠢的错误。我为此道歉。你真是太好了，肯花时间写信给我。

她：我很抱歉给你写了那封信，卡耐基先生，我在信里向你发脾气了，我应该道歉。

我：不！不！该道歉的人不是你，是我。任何一个小学生，也不会犯像我那样的错误。那件事，在第二个星期天，我已在电台更正过了！现在我亲自向你道歉。

她：我生长在马萨诸塞州的康科德。两个世纪以来，我的家族在那里一直很有声望，我以我的家乡为荣。当我听你说奥尔科特女士是新罕布什尔州人时，我真的非常难过。可是那封信的确使我感到很不好意思。

我：我敢肯定你的难过不及我的十分之一。我的错误没有伤害到马萨诸塞州，可是却伤害了我自己。像你这样一位有身份、有教养的人愿意花时间给在广播上发言的人写信，可真是不多见。以后在我的演讲中，如果你再发现错误，我非常希望你再写信给我。

她：你这种愿意接受别人批评的态度，我很欣赏。你一定是个很好的人，我愿意更多地了解你。

当我以她的观点对她表示理解和道歉时，她也开始以我的观点对我表示理解和道歉。我很满意我能控制得住脾气，给对方还以友善。让她喜欢我，比起让我跳进黄河来洗清我的罪名，能得到更多的快乐。

入主白宫的每一位总统差不多每天都要面对人际关系中棘手的问题，塔夫脱总统也不例外。他从经验中懂得了，同情在缓解负面情绪方面能够产生巨大的作用。在《服务中的道德规范》一书里，塔夫脱举了一个很有趣的例子，讲他是如何安抚了一个失望而野心勃勃的母亲的愤怒。

住在华盛顿的一位女士，她的丈夫在政坛很有影响力。在六个星期或者更长的时间里，她不断来找我，要为她的儿子争取一个职位。她还取得了众多参议员和众议院议员的支持。她随他们一起来找我，请他们对我游说。可是那个职位需要的是技术人才，经该局主管的推荐，我任命了另外一个人。随后我接到那位母亲的来信，说我是最不领情的人，本来这对我来说只是举手之劳，我却不愿意成全她。她还说，她曾经劝说她那一州的代表在投票中支持一项我非常热衷的行政法案，可是我却这样来回报她。

当你接到这样一封信的时候，你想到的第一件事，就是如何严肃地对付一个提出了不恰当的要求或者说有点鲁莽的人，接着，你可能就动笔回信了。可是，如果你是一个聪明人，你会把这封信放进抽屉里锁起来。两天之后，再把这封信拿出来——像这类的信总是可以迟上两天再回复——这时你再拿出这封信来看，就不会把它寄出去。我的情形就是那样。之后，我坐下来给她写了一封最有礼貌的信，信中说我理解一个母亲在这种情况下的失望心情，可是委任那样一个职位，不是只凭我个人的偏爱，我必须找一个有技术资格的人，所以我接受了该局主管的推荐。我希望她的儿子继续在原来的工作岗位上取得成就。那封信平息了她的怒火，她寄了一封短信给我，表示了对她写的那封信的歉意。

但我所任命的那个人并没有被立刻批准，这样过了几天，我又接到一封署名是她丈夫的来信，可是信上的笔迹跟前两封信完全一样。信上说他妻子由于这件事引起了神经衰弱，现在卧床不起，而且发现已经患上了严重的胃癌。信中请求，能否为了恢复他妻子的健康，取消先前的任命，让他的儿子代替。我不得不又写了一封信，这次是给她丈夫的。信中说我希望他妻子的病是误诊，我对他所遇到的情形表示了同情，可是要撤销任命是不可能的。我提名的那个人选已经获得了通过。没过两天，我们在白宫举行了一个音乐会。最先到场向我和塔夫脱夫人问候的，就是这对夫妇，尽管这位妻子不久前还抱病不起。

杰伊·曼詹姆就职于俄克拉荷马州塔尔萨市的一个电梯和自动扶梯制造公司，他负责维护塔尔萨市一家顶级饭店的自动扶梯。但是饭店经理不想让饭店里的客人感到不方便，所以不让自动扶梯停止运转超过两个小时。但必要的检修至少要花八个小时，而在饭店认为方便的时段里，公司有时却无法安排有特殊资格的技师来工作。

当曼詹姆先生安排了一名一流的技师承担这个检修工作后，他打电话给饭店经理，并没吵着让对方给他必要的检修时间，而是说：

瑞克，我知道你的饭店非常繁忙，你希望让自动扶梯的检修时间缩到最短的程度。我明白你的想法，我们愿意尽最大的努力满足你。但是按照我们的判断，如果现在不彻底检修的话，你的自动扶梯可能遭受更严重的损坏，会导致停机时间变得更长。我知道你一定不愿意让你的客人几天都用不上电梯。

经理不得不承认，与停机几天比起来，八小时的检修时间要合算得多。曼詹姆先生对经理的需求表示了理解，因而很容易地赢得饭店经理对他想法的认同，而没有丝毫抱怨。

乔伊斯·诺里斯是密苏里州圣路易斯的一名钢琴教师，她讲了她如何处理钢琴教师经常遇到的问题。她的学生芭贝特留着非常长的指甲，对于任何一个想培养钢琴演奏好习惯的人来说，这是个严重的障碍。

诺里斯夫人报告说：

我知道长指甲是影响她弹好琴的一个障碍。在她刚开始跟我上课时，我没有任何一句话提到她的指甲。我不想挫伤她学琴的兴趣，而且我也知道她不会愿意剪掉她精心呵护并为之骄傲的漂亮指甲。

上完第一节课后，我感到时机成熟了，说："芭贝特，你有一双迷人的手和漂亮的指甲。如果你想弹钢琴，你就有能力把它弹好，并且越来越喜欢它。你会很吃惊地发现，如果你把指甲剪得短一些，你学钢琴会更容易、更迅速。考虑一下，好吗？"她做了个相当沮丧的鬼脸。我也把情况告诉了她的母亲，而且又一次强调她的指甲有多么可爱。她还是没什么反应。显然，芭贝特仔细修剪过的漂亮指甲对她来说很重要。

第二个星期，芭贝特来上第二节课。让我非常吃惊的是，她的指甲修剪得很短很整齐。我称赞了她，因为她做出了这样的牺牲。我也感谢她的母亲，劝说芭贝特剪短了指甲。她回答说："噢，我什么也没做。

这是她第一次愿意为别人剪掉指甲。”

诺里斯夫人威胁芭贝特了吗？她有没有说她拒绝教那些留着长指甲的学生？不，她没有那样做。她让芭贝特知道她的指甲是美丽的事物，剪掉它们是一种牺牲。她的暗示是：

“我很同情你，我知道这并不容易，但是你钢琴水平的提高可以弥补这一点。”

索尔·赫洛克是美国首屈一指的剧团经理。在将近半个世纪的时间里，他和许多艺术家打过交道，像世界著名艺术家查利宾、伊莎多拉·邓肯、巴甫洛娃。赫洛克先生告诉我，为了应付那些喜怒无常的音乐家，他学到的第一件事就是必须对他们的艺术特质同情、同情、再同情。

有三年的时间，赫洛克担任费奥多·查利宾的经理人。查利宾是世界最伟大的一位低音歌唱家，他的演唱曾经在大都会的舞台上风靡一时。然而查利宾本人问题不断，他的行为就像一个被宠坏了的孩子。用赫洛克自己的话来说：“他各方面都糟透了。”

例如，查利宾会在演出当天的中午打电话给赫洛克说：“索尔，我觉得糟透了，我的喉咙就像生肉汉堡一样难受，今晚我不能登台演唱了。”赫洛克同他争辩了吗？不，赫洛克没有这样做！他知道作为经理人绝对不能这样处理。他立即赶往查利宾住的饭店，显得十分同情而悲伤地说：“多么不幸啊！我可怜的朋友。当然，你是不能再唱了。我会马上取消今晚的演出，你只会损失几千块钱的收入，可是跟你的名誉比较起来不算什么。”然后，查利宾叹息着说：“索尔，你等一会儿再来好了。下午五点钟来，看那时我感觉怎么样。”

到了五点钟，赫洛克先生再去查利宾的旅馆，还是带着满脸的同情。他再次坚持要替查利宾取消节目。查利宾又叹息着说：“那么，你最好再晚一点儿来看我。到那时，或许我会好一点儿。”

到了七点半，这位伟大的低音歌唱家终于答应登台了。

亚瑟·盖茨博士在他那部著名的《教育心理学》一书上，这样写着：

同情是全人类普遍渴求的。孩子们会急切地显示他受伤的地方。有的甚至自残，以博得大人们的同情。为了同样的目的，成人们会到处向人显示他受到的损伤，讲述他们的意外事故、所患的疾病，特别是外科手术的细节。对真实的或者想象中的不幸进行“自我怜悯”，在某种意义上说，其实是人类的普遍行为。

所以，你想赢得别人对你的想法的认同，记住这个规则：

规则9：同情他人的想法和欲望。

10.人人都喜欢的诉求

我的故乡在密苏里州，离大盗耶西 · 詹姆士的家所在的卡梅镇不远。我曾经去过卡梅镇，参观了詹姆士农场，耶西 · 詹姆士的儿子还生活在那里。

他的妻子告诉我，当年耶西如何抢劫银行、火车，然后把抢来的钱分给贫穷的邻居，让他们去赎回典押出去的田地。

耶西 · 詹姆士可能在内心里把自己看做一个理想主义者，就像达奇 · 舒尔茨、"双枪"克罗利、阿尔 · 卡彭以及其他类似"教父"的犯罪组织。事实就是这样，你遇到的所有人都会给自己很高的评价，在他们自己的判断中，他们都是善良而无私的。

小皮尔庞特 · 摩根在他的一篇分析文章中说，人做一件事，通常存在两种理由：一种理由听上去很好，另一种理由则是真实的动机。

人们自己会思考那个真实的理由。你不需要强调这一点。然而在另一方面，我们所有的人在内心里都是理想主义者，喜欢思考冠冕堂皇的动机。所以，要改变一个人的想法，需要激发他高尚的动机。

那种方法是不是太唯心主义了，以至于不能在商业上发挥效用呢？让我们来看看是宾夕法尼亚州格兰诺尔顿发生的一个案例。主人公是法雷尔－米切尔房屋公司的汉密尔顿 · 法雷尔。法雷尔先生有一个不满的房客，威胁要搬走，但这房客的租约尚有四个月才到期。可是房客却声称要立即搬，根本不管租约那回事。

法雷尔先生把这个故事讲给全班同学听。

那个房客在我的房子里住了一个冬季——这是一年中房租最贵的

时期。我知道在秋天之前，很难把房子租出去。眼看着租金就要从我口袋飞走了，相信我，我真的发怒了。

要是往常，我一定找那个房客交涉，建议他把租约重念一遍。我会向他指出，如果现在搬走，那剩下的四个月租金必须全部付清——我能够这么做，也愿意这么做。

可是，这次我没有立即暴跳如雷，也没有当众大吵大闹，而是决定采取另外一种办法。我开口对他说："杜先生，我听说你准备搬家，可是我仍然无法相信那是真的。多年从事房屋租赁生意，让我对人性有了一些了解。我能一眼看出你是一位说话算数的人。事实上，我非常确信这一点，我可以打赌，你就是这样的人。

"现在，我有个建议。将你的决定暂时搁在一边，等几天，仔细考虑一下。从今天起到下个月月初你应该付房租前这段时间，如果你还是决定要搬的话，请告诉我，我答应一定会接受你的要求。那时，我会破例让你搬走，并且承认自己的判断完全错了。不过，我还是相信，你是个讲信用的人，会遵守你的合约。因为毕竟，我们到底是人还是猴子，选择权通常在我们自己手里。"

然后，到了下个月，这位先生来找我，亲自来缴房租。这件事他已和妻子商量过，他说他们决定留下来。他们得出的结论是，最光荣的事莫过于履行租约。

诺斯克利夫爵士看到一份报纸使用了一张他不愿意公开的照片，他就写信给那家报社的编辑。但是，他有没有说"请勿再刊登我那张照片，我不喜欢它"？不，他想激发出别人高尚的动机，他知道每个人都敬爱自己的母亲，所以他写道："请不要再刊登我那张照片了，因为我的母亲不喜欢它。"

当约翰·D. 洛克菲勒要阻止摄影记者拍他孩子的照片时，他也诉诸一个高尚的动机。他没有说："我不希望孩子的照片被刊登出来。"他激发出每一个人内心深处都存在的不愿意伤害孩子的愿望。他说：

“诸位，你们知道这意味着什么。你们中有些人自己也有孩子。你们很清楚如果让孩子们曝光太多，对他们没有任何好处。”

赛勒斯·柯蒂斯开始自己辉煌的事业时，还是缅因州的一个穷孩子，后来却成为《星期六晚邮报》和《妇女家庭杂志》的所有者，成了百万富翁。他创业之初，不能付给他的作者像别的杂志一样的稿费。他没有能力出钱聘请国内第一流作家。所以，他利用了人们高尚的动机。例如，他会请《小妇人》的作者、知名作家路易莎·梅·奥尔科特，在最有声望的时候为他撰写稿子。柯蒂斯签了一张一百元的支票，不是给奥尔科特，而是捐助给她最喜欢的一个慈善机构，用这个方法成功地约到了文章。

当然，有人可能会怀疑说：“噢，诺斯克利夫、洛克菲勒或者敏感的小说家，这些人应用这个方法没有错。可是，我想看看你这种方法用在那些赖账的强硬的人身上，是不是有效？”

你也许是对的。没有一种方法，能在所有情形下都适用，也没有一种方法能对所有的人都有效。如果你对现状感到满意，为什么要改变方法呢？假如你并不满意的话，为什么不试验一下呢？

无论如何，我相信你会喜欢我从前的学生詹姆士·托马斯所讲的一个真实故事。

某一家汽车公司，有六个顾客拒付修理费的账款。他们没有一个人愿意支付全部的账单，而是认为其中有些账记错了。可是每一个项目上，都有他们的亲笔签字，所以公司认为这些账目是对的，而且他们也这样对顾客说了。

下面是那家汽车公司信用部职员索要欠款时所采取的步骤。你认为他们会不会成功呢？

1. 他们拜访每一位顾客，坦白地告诉他们，自己是公司派来索取一笔拖了很长时间的欠款的。

2. 他们很清楚地表示，公司方面绝对不会弄错，因此，是顾客自己彻底弄错了。

3. 他们暗示，对于汽车方面的问题，公司要比顾客内行得多。所以，还有什么好争论的呢？

4. 结果是：他们争论起来。

采取这些方法，能使顾客们顺从地解决欠账问题吗？相信你自己也能找出答案来。

事情闹到这地步，那位汽车公司信用部经理，决定派出一队律师朝欠账的顾客开火。幸亏此时，这件事引起了总经理的注意。这位总经理调查了那几位欠账的顾客过去付账的记录，发现他们过去都是按时付款的。一定是哪里出了问题——也许是收账的方法大错特错了。

所以，总经理把詹姆士·托马斯叫去，要他去收那些无法收回的“烂账”。托马斯先生采取了以下这些步骤，听听他自己的说法吧。

1. 我去拜访每一位顾客，同样是去索取一笔积欠很久的账款——我们知道那是计算无误的应收账款。可是，我对这些只字不提。我解释说，我来拜访是要调查一下公司对顾客的服务情况。

2. 我明确地表示，在没有听完顾客的意见前，我不会发表任何看法。我告诉他，公司方面也不是绝对没有错误的。

3. 我告诉他们，我关心的只是他们的汽车，而他们对自己的车比世界上的其他任何人都更了解，所以在这个问题上，顾客有绝对的发言权。

4. 我让他们尽情说，而我静静听着，怀着他所需要的全部兴趣和同情——当然，这也是他们所期盼的。

5. 最后，当顾客情绪缓和下来，我请他把这件事公平地想一想。我想激发他们高尚的动机。“首先，”我说，“我想让你知道，我也觉得这件事处理得很不恰当。你已受到我们公司一名代表的困扰，他惹你生气，带来了很多的不便。那是不应该发生的事，我感到很难过。作为公司方面的代表，我向你道歉。我听了你刚才所讲的事情经过后，不能不为你的正直和耐心所感动。正因为你有高尚品格，我才想请你替我做点事情。这件事由你做最合适，你也比别人更了解情况。这儿是你的账单，我很放心由你来检查账单，因为你会像我们公司的经理一样负责。我请你全权做主，你说怎么办就怎么办。”

他有没有调整账单呢？他当然这样做了，而且支付了相当数目的金额。这些账单的数目，从一百五十到四百元不等——这几位顾客占到便宜了吗？是的，其中有一位顾客就是这样！他拒付这笔有争议的款项。可是另外那五位顾客，都让公司方面最大限度地获益了！整件事最精彩的地方在于：在以后的两年中，那六位顾客，都买了本公司的新汽车！

托马斯先生说：“经验告诉我，当没有迹象显示顾客有问题时，最重要的一件事是你要确信那位顾客是真诚、诚实、合作的。一旦他们证明了自己是对的，他会毫不迟疑地支付账款。用另一种更清楚的说法，就是人们都是诚实的，愿意清偿债务。相对而言，例外的情况很少。我相信，即使真有不愿合作的人，如果他感觉到你把他们看成是诚实、公平、正直的人，在大多数时候，他也会给你友好的反应。”

规则10：激发高尚的动机。

11.借鉴影视的表现手法

很多年前，费城的《晚间报道》受到了有计划的诽谤性谣言的攻击。恶意的谣传弄得满城风雨。有人告诉广告商这份报纸广告太多、新闻太少，对读者不再有吸引力了。问题急需处理，谣言必须被消除。

如何采取行动呢？这里就是他们所使用的方法。《晚间报道》将每天常规报道中的各类阅读资料剪下来，分类整理出版了一本书，书名就叫《一天》。这部书有三百零七页，和一本精装书的页数差不多。而且，《晚间报道》把这本涵盖了新闻和特写材料的书很快印刷完毕，售价不是几美元，而是几分钱。

这本书的出版戏剧性地表现了《晚间报道》的文章丰富有趣这一事实。这比用数据和空口解释更有趣、更清楚，给人的印象更深刻。

这是一个戏剧化的时代，仅仅陈述事实是远远不够的，真相必须被鲜明、有趣、戏剧化地呈现出来。你必须要使用表演的技巧。电影是这样，电视也是如此。如果你想得到注意，必须使用这种技巧。

橱窗设计的专家知道“戏剧化”有惊人的力量。例如，有一个新型鼠药的制造商，替经销商布置了一个橱窗，里面放了两只活老鼠。在展示活老鼠的这周里销售出的鼠药，比平时的销售量增加了五倍。

商场中，到处都是利用戏剧化的技巧推销商品的例子。晚上坐在电视机前，仔细分析广告商的每一句表述，你会发现，抗酸剂药品在试管中改变了颜色，而它的竞争品却没有变化。一个品牌的肥皂或清洁剂让满是油污的衬衣变得很干净，而其他品牌的产品只会让衬衫变得灰暗。你会看到一个汽车改变方向和转弯的驾驶效果——这比仅仅用语言描述的效果要好得多。快乐的面孔表现了人们对多种产品的满意程度。所有这些戏剧化的设计让观众了解了产品的优点，无论宣传的是什么产品——而它们确实达到了让人们掏钱购买的目的。

你可以把你的想法戏剧化地表达出来，不管是在商界还是在你生活中的其他领域。这很容易。弗吉尼亚州的吉姆·伊曼斯是国家收银机公司的销售员。他告诉我们他怎样通过戏剧性的示范促成了销售。

上周我拜访了附近一家杂货商店，发现他们在结账时用的收银机已经很陈旧了。我走到老板身边告诉他："每一次有顾客结账时，你都会损失几分钱。"说着，我将一把硬币扔在地上。他很快注意了。简单的话语可以让他产生兴趣，但是硬币落在地上的声音真正提醒了他。我获得了他的订单，他更新了所有的老式收银机。

在家庭生活中，这一规则也同样有效。以前，人们向心爱的人求婚时，会仅仅使用爱情的语言吗？不！他会单膝跪地，那样才真正表明他说的话是真心的。现在，我们已经不再下跪求婚了，但许多求婚者在他们提出请求前会营造浪漫的气氛。

将你的想法戏剧化对于孩子也同样奏效。阿拉巴马州伯明翰的乔·芬特一直没有办法让五岁的儿子和三岁的女儿收拾好他们的玩具，于是他发明了一个"火车"。小乔伊骑在三轮车上充当火车司机（凯西·琼斯上校），珍妮特的四轮童车紧随其后。到了晚上，珍妮特把所有的"煤"装到火车的最后一节车厢（她的四轮童车）上，然后再跳上车子，由她的哥哥载着她在房间里转圈。通过这种方法就把房间打扫干净了，而没有说教、争吵和威胁。

印第安纳州的玛丽·凯瑟琳·沃尔夫在工作上遇到了一些问题，她觉得她必须和老板讨论一下。星期一上午，她想见老板，却被告知老板现在很忙，她应该先和他的秘书预约见面的时间。秘书表示老板的日程安排得很紧，不过她会尽力帮她争取。

沃尔夫女士描述了这件事。

这个星期里，我没有得到秘书的答复。无论我什么时候问她，她都会给我一个老板不能见我的理由。星期五上午，我仍然没有得到明确的消息。我真的想在周末之前和老板讨论我的问题，于是我问自己，怎么才能让他见我。

最后，我采取了这样的行动。我给他写了一封正式的信。在信中，我表示自己完全理解他整个星期都非常忙碌，但是我要和他谈的事情很重要。我把一个套用信函和写有我自己地址的信封一起装了进去。我请他或者他的秘书只要填写完返给我就行了。套用信函上写的是：

沃尔夫女士，我将会在（上午 / 下午）____ 在 ____ 会见你。我会给你 ____ 分钟的时间。

上午十一点我把信放到他的信箱里。下午两点我检查我的信箱，写有我自己地址的信封就躺在那儿。老板回复了我的套用信函，表示他能在当天下午见我，并给我十分钟的时间。我终于见到了他，我们谈了一个多小时，妥善地解决了我的问题。

如果我没有用戏剧化的方法告诉他我的确想见他这一事实，我可能现还在等着他约见呢。

詹姆士 · 波恩顿要写一篇很长的市场报告。他的公司刚刚完成了对某个著名品牌的润肤霜的详细研究。他急需获得市场上竞争对手的数据，而他要争取的顾客是广告界一位最重要也是最令人敬畏的人。

可是他的第一次接洽还没开始就失败了。

第一次我进去，发现自己迷失了方向，开始和他毫无意义地讨论调查的方法问题。他争论，我也争论；他指责我错了，可是我尽力替自己证明我是正确的。

最后，我的理由占了上风，自己觉得很满意。可是我的时间到了，会谈结束了，我一无所获。

第二次，我没有去理会那些数据和表格。我去见他，把事实用戏剧化的手法表现出来。

我进入他的办公室时，他正忙着接电话。等他结束了通话，我就打开手提箱，拿出三十二瓶润肤霜放到他桌上。这些是他所知道的所有产品，所有能和他的润肤霜竞争的产品。

每一个瓶子上，我都贴了一个标签，上面写着商业调查的结果。每个标签都简明而戏剧性地介绍了该商品的情况。

后来发生了什么？

不再有辩论了，反而发生了新奇而不同的事情。他拿起一瓶又一瓶的润肤霜，看标签上的说明。接着，友好的谈话展开了。他问了其他的问题，并越来越感兴趣。他本来只给我十分钟的时间，可是十分钟过了，二十分钟，四十分钟，快到一个小时的时候，我们还在谈着。

这次我所讲的，跟上次一样。可是这次我运用了戏剧化的手法和表演术的技巧，所得的结果是多么不同啊！

规则 11：戏剧性地表现你的想法。

12.如果以上这些都没有效果，那么试试这一招

查尔斯·施瓦布手下有一位工厂经理，他的工人没有完成生产任务。“怎么回事？”施瓦布问他，“像你这样能干的经理，竟不能使工厂完成预计的生产量？”

“我不知道。”经理回答说，“我哄骗他们，我鼓励他们，我斥责、诅咒他们，我用降职、解雇来威胁他们，可是没有用，那些工人就是不肯好好干活。”

他们谈话的时候，天色已晚，正是夜班要开始之时。施瓦布向经理要了一支粉笔，然后，他走向最近的一个工人，问道：“你们这班今天完成了几个加热器？”

“六个。”施瓦布一言不发，在地上写了一个大大的“六”，便走了。夜班的工人来接班，看到这个“六”，就问是什么意思。“大老板今天来了，”白班的工人说，“他问我们今天做了几个加热器，我们告诉他是六个，他就在地板写了这个‘六’字。”第二天早晨，施瓦布又去工厂，发现夜班工人已把“六”字擦去，代之以一个大大的“七”字。

而白班工人报到时，看到地上已换上一个“七”字。夜班工人一定认为他们比我们强，是吗？那好吧，我们要比夜班工人有更好的工作表现。于是白班工人热情地投入工作。白班工人快要下班时，他们留下一个巨大的骄傲的“十”字。情况就这样渐渐好转了。

没过多久，这家原本生产拖后腿的工厂，产量大大提高，并一跃超过了其他任何一家工厂。这是什么原因？

就让查尔斯·施瓦布用他自己的话来解释吧：“我们完成工作的

途径是鼓励竞争。我的意思并不是说要用肮脏的唯利是图的方法，而是说要有一种超越别人的欲望。”

超越别人的欲望！挑战！抛弃钩心斗角的互相攻击！对一个有志气的人来说，这是一种最有效的激励。

如果没有挑战，西奥多·罗斯福就永远不会成为美国总统。这位勇敢的骑士刚从古巴回来，便被推举为纽约州州长的候选人，可是他的反对党发现他已不是纽约州合法的居民。罗斯福有些心慌，希望退出竞选。这时，来自纽约的美国参议员托马斯·科利尔·普拉特用了激将法。他猛地转身，用响亮的声音向罗斯福喊道：“难道圣胡安山的英雄，竟然是一个懦夫？”

罗斯福为此投入了政治斗争中——后来种种的演变，历史上都有详细的记载。这个挑战不只改变了罗斯福的一生，它对美国的历史也产生了极大的影响。

“所有的人都有恐惧，但是勇敢的人能够战胜恐惧继续前进，有时也许会牺牲，然而最后的胜利终究属于我们。”这就是古希腊皇家护卫队的座右铭。还有什么比克服这些恐惧更具有挑战性的呢？

阿尔·史密斯掌管纽约期间，就面临着这样的挑战。新新监狱是当时臭名昭著的监狱，位于魔鬼岛西边。因为超越别人的欲望！挑战！抛弃钩心斗角的互相攻击！对一个有志气的人来说，这是一种最有效的激励。

没有监狱长，流言飞语在监狱的高墙内流传，谣言和丑闻四起。史密斯需要一位强有力的人来管辖新新监狱，他必须是一个铁腕人物。可是谁能担此重任呢？他派人请来了新汉普顿的刘易斯·劳斯。

“去管理新新监狱怎么样？”当劳斯站在他面前时，他愉快地说，“他们需要一个有经验的人。”

劳斯听了目瞪口呆。他知道新新监狱是何等的危险。那是一个政治性的任命，受到反复无常的政治变化的影响。监狱长们来了又走了，其中一个只上任了三个星期。他要考虑自己的终身事业。那值得冒险吗？

史密斯见他犹疑不决的样子，靠在椅背上微笑了。“年轻人，”他说，“我不会因为你感到害怕而责备你。那是个艰苦的地方，只有大人物才能胜任，而且留下来。”

史密斯提出了一个挑战，不是吗？劳斯喜欢这个主意，愿意去尝试这个需要“大人物”的工作。

于是他去了，而且在那里留了下来。结果，他成为当时最著名的监狱长。劳斯写的书《在新新监狱的两万年》销售了几十万册。他还上电台广播，他在监狱里的故事被改编拍成了十几部电影。他对罪犯人性化的管理，创造了许多罪犯改造的奇迹。

著名的菲尔斯通轮胎和橡胶公司创办人哈维·菲尔斯通曾说：“我从来没有发现，单凭高额的薪金就可以团结或留住人才。我想工作本身就是一个游戏。”

弗雷德里克·赫兹伯格是一位伟大的行为科学家。他深入研究了上千人的工作态度，研究对象涵盖了从工厂的工人到高级经理人的广泛范围。你认为他所发现的最重要的激发因子——即工作中最有刺激性的因素是什么？金钱？工作条件？额外的福利？不，都不是。刺激人们最主要的因素是工作本身。如果工作是有趣而令人兴奋的，工人们就会期盼这份工作，并把它做得很好。

这是任何一个成功的人都喜爱的事：游戏。这是个自我表现的机会，一个证明他（她）价值的机会，超越别人，赢得胜利。这也是竞走比赛、唤猪比赛和吃馅饼比赛产生的原因。一切源于超越别人的欲望和获得重视感的欲望。

规则12：提出一个挑战。

第四部分

做一个高明的领导者

1.如果你必须指出错误，那么这就是开始的方法

卡尔文·柯立芝执政期间，我的一位朋友周末做客白宫，在进入总统的私人办公室的时候，听到柯立芝对秘书说："今早你的穿着可真漂亮，使你显得非常迷人！"

那可能是沉默少语的卡尔文一生中对一位秘书最富感性的褒奖了。由于总统一反常态，秘书猝不及防，陷入了困惑。这时，卡尔文说："别误会，我的意思是让你感觉好一些。我希望你今后在标点符号的使用上多加注意。"

他的方法有些明显，但从心理学上讲又比较高明。一个人在听到对本人优点的赞扬后，接受批评通常会更容易一些。

理发师给人刮脸前总要抹些肥皂沫，这正是麦金利 1896 年竞选总统时所用的招数。当时一位知名的共和党人撰写了一篇竞选讲稿，自我感觉良好，就算西塞罗、帕蒂克·亨利与丹尼尔·威斯特三人加起来也比不过他。他满怀喜悦地向麦金利高声朗读了他的不朽之作。演讲虽然可圈可点，但未必有好的效果，因为可能会引起轩然大波。麦金利无意伤其自尊，也无须向其当头泼冷水，怎奈还得说"不"，请注意他如何随机应变。

"朋友，这是篇精彩、宏大的演讲词，"麦金利说，"没人能准备得如此之好。这篇稿子适合很多场合，但它是否适合特定的场合呢？你觉得此文不错，但我要从本党的立场来衡量其效果。好了，请回家按照我的提示再写一篇，复印一份给我。"

这位共和党人照办了。麦金利帮他修改了二稿，随后他成为竞选

中一位富有成效的演讲人。

下面是亚伯拉罕·林肯的第二封著名书信（其最著名的一封是写给毕克斯贝夫人的，对她战争中五位儿子的死表示哀悼）。此信或许五分钟内完成，但在1926年的公开拍卖中售出一万两千美元的高价，比林肯半个世纪辛勤工作的积蓄还多。此信是1863年4月26日写给约瑟夫·胡克将军的。当时正值美国内战最黑暗的时期，整整十八个月，林肯的将军们率领联军屡战屡败，一无所获，还惨遭杀戮，导致举国震惊，数千士兵逃离军队，国会内的共和党人甚至起来叛乱，意欲迫使林肯离开白宫。“我们处于崩溃边缘，”林肯说，“甚至上帝都在和我们作对。我看不到希望的曙光。”此信正写于这样悲惨黑暗的时期。

我照录此信是为了说明林肯如何试图劝服一位执拗的将军，而当时，国家的命运正悬在他的身上。这可能是林肯当选总统后写的言辞最为犀利的一封信。然而你会注意到，他是在赞扬胡克将军后才指出其错误的。当然，这都是严重的错误，而林肯却不那么说，他更加节制，更富外交辞令。

下面是林肯写给胡克将军的信。

我任命你为部队的最高长官。当然，我有足够的理由这么做。但是我想你最好应该知道有些事情我对你不是太满意。我坚信你是位勇敢老练的战士，也相信你不会把政治和职业混为一谈。事实上，你也是这样做的。你充满自信，那是宝贵而不可或缺的品质。你雄心勃勃，这在合理的范围内有益而无害。但我认为，在伯恩赛德将统帅军队的时候，你出于个人的意气竭力阻挠他，对国家、对一个功勋卓著的同僚军官都犯了大错。

我听说且相信，你最近说政府和军队都需要一位独裁者。当然我任命你不是因为这一点，相反，那在我考虑之外。

唯有取得胜利的将领方可树立权威。现在我有求于你的是军事胜利，并愿为此承担独裁的恶名。

政府将尽力支持你，如同对待所有将领一样。我甚为担心的是，你竭力灌输于队伍之中的，那种对上级采取批评和质疑的思想，现在会回落到你的头上。我将尽我所能帮你摆脱这种思想。

倘若拿破仑在世，你和他都不会在这种思想大行其道的军队中捞取任何好处。切勿轻率，要提高警惕，精神抖擞，阔步向前，去夺取胜利。

当然，你不是柯立芝、麦金利，也不是林肯，但还是想知道这种处世哲学能否在日常公务中管用。它管用吗？我们拭目以待。那就以费城华克公司的高先生为例吧。

华克公司签下合同，要在规定期限内在费城建成一幢大的写字楼。一切进展顺利。将近完工时，负责建筑外饰的分承包商突然宣称，无法按期完工。这将影响整个工程！这意味着巨额罚金，沉重损失！

长途电话、争吵、热议，一切徒劳。高先生奉命赴纽约找这个承包商谈判，这简直是虎口拔牙。

“你可否知道在布鲁克林，你的名字独一无二？”相互见面寒暄后，高先生问这位承包商。承包商很惊讶：“不，我不知道。”

高先生说：“今早下火车的时候，我查电话本找到了你的地址，发现你是布鲁克林电话本上唯一叫这个名字的人。”

“我从来不知道这事。”承包商开始饶有兴趣地查号码本。

“好啊，一个非同寻常的名字。”他有点儿洋洋得意，“我家是近两百年前从荷兰搬到纽约的。”他喋喋不休地聊起他的家庭和祖先。他说完后，高先生便接着恭维他有那么大的厂子，与其他同类的工厂相比有多好云云。“这是我见到过的最干净、最有条理的铜加工厂。”

承包商说：“这是我一生的事业，我为之骄傲。阁下愿意参观一下吗？”

视察过程中，高先生赞扬其装配系统，并告诉他比竞争对手好得多。高先生对那些非同寻常的机器赞不绝口。承包商宣称是他本人发明了那些机器，接着花好长时间向高先生演示怎么操作，技术如何优异，并执意安排午餐。请注意，到此为止，高先生对此行的意图只字未提。

饭后，承包商说 ：“好啦，咱们言归正传。我当然知道你是为啥来这儿的，我本不求咱们的见面会有这么愉快。你可以回费城了。分别之际，我承诺，即使耽误了其他订单，我也会保证你们要的材料很快装配好送去的。”

高先生没有张口却得到了他想要的一切。材料准时运到，写字楼按合同约定完工。

如果高先生用通常这种情况下惯用的直截了当的方法行事，事情会有这么好的结局吗?

联邦信联新泽西州福特曼劳斯分部经理道罗斯 · 卢布鲁斯基告诉我们的授课老师，说她能帮助雇员工作更加高效。

我们最近雇了一位年轻女士当出纳员。她跟客户的交往很好，在处理个人转账方面准确且高效，但在最后结账时出现了问题。

出纳负责人找我，强烈要求让我开除她 ：“她结账太慢，拖了每个人的后腿。我给她演示了一遍又一遍，她还是不得要领。她该走人了。”

第二天，我观察到，这名员工在处理日常结账工作时麻利准确，又与客户关系融洽。

无须多久我就发现为何她结账出现问题。下班后，我找她谈话。显然她很忐忑不安、心烦意乱。我夸奖她对待客户友好热情，表扬她工作中的准确快速，并建议要一起复习现金支出结账流程。一旦意识到我对她依然有信心，她很容易地接受了我的建议，并很快掌握了这门技术。自此，我们对她甚为满意。

以赞扬开始犹如牙医以麻醉作为手术的开始一样，同样要钻牙，麻醉则可以消除疼痛。因此，领导者要学会运用 ：

规则1：以表扬和真诚的赞赏开始。

2.如何批评——而不招致怨恨

一天下午，查尔斯·施瓦布在路过一家钢铁厂时碰到几个雇员正在抽烟，而他们头顶就是“禁止吸烟”的标志。施瓦布会指着牌子说：“你们不识字吗？”他不会这样做。他走过去给每人递了根雪茄，说：“小伙子们，如果去外边抽我会十分感谢你们。”他们清楚，他的意思是说他们违反规定了——他们很钦佩他，因为他没有责备，还给了个台阶，这让他们感觉受到了尊重。这样的人怎能不令我们热爱呢？

约翰·沃纳梅克就运用了这一技巧。沃纳梅克过去每天都去费城他的店里一趟。一次，他看见一位女顾客等在柜台，没人注意到她。售货员呢？噢，他们在柜台另一边扎堆说笑呢！沃纳梅克一言不发，静静地走到柜台里接待了那位女士，让店员打了包装后他就离开了。

公职人员常因脱离选民而遭诟病，他们公务繁忙，助手们不愿加重其负担，因而挡掉了不少求见者，以致有时落下话柄。在迪斯尼乐园的故乡——佛罗里达州的奥兰多市，市长卡尔·朗佛经常告诫下属要允许百姓来见他，他宣布这是他的“对外开放”方针，然而辖区里的民众还是被其秘书和行政官员挡驾。

最后，这个市长找到了解决办法。他干脆拆掉了办公室的门！助手们领会了市长的意图，在这具有象征意义的举动后，市长真正实现了开门办公。

三言两语常能决定事情的成败，还可以不招致怨恨。

很多人先是赞扬，而后以“但是”为开始展开批评。例如，在试图纠正小孩子乔尼学习粗心的毛病时，会说：“成绩提高了，我们真为你骄傲。但是，代数课再努力点儿，成绩会更好。”

这种情况下，乔尼在听到“但是”之前肯定会深受鼓舞，接下来他会怀疑表扬是否发自内心。对他来讲，表扬似乎只是引向对于失败的批评，其可信性受到置疑，改变乔尼学习态度的目标也无法实现了。

将“但是”改为“而且”后，情况就会大为改观。“成绩提高了，我们真为你骄傲。而且，下学期继续努力，代数成绩就会赶上别人了。”

现在，由于暗指过失，乔尼就会接受表扬了。其注意力会放在我们期望的方面，也会努力达到我们的期望。

敏感的人对于直接尖锐的批评十分憎恶，这时，委婉地提示他的错误可以不招致反感。学员玛吉·雅各布来自罗得岛州的温索科特，她告诉我们，在装修房子时，她是如何让懒散的工人清理善后的。

开工后的几天，雅各布女士下班时，发现院子里堆得到处是木屑。她不想惹烦工人，说实在话，他们活儿做得不赖。于是，工人回家后，她和孩子们清理干净木屑，堆到角落里。第二天，她把工头叫到一边，说：“我对你们整理的草坪非常满意，干净利索，邻居们无话可说。”从这天起，工人们都把木屑拣到一旁，工头每天在完工之前还要检查整理情况。

在美国，预备军人和教官之间的一个主要冲突就是理发问题。他们认为自己是老百姓（大部分时间是），因而对把头发剪短恨得咬牙切齿。

美国陆军后备队542部队的军士长哈利·凯瑟在和一群后备士官共事时，试图解决此类问题。按照过去常规军军士长的做法，大家估计他会喊叫、恫吓他们。可是正相反，他另选他途而达到了目的。

“先生们，”他说道，“作为领导，只有以身作则才会产生作用，你必须成为下属的榜样。诸位都知道有关理发的军规，尽管我的头发比你们中有的人更短，但今天我还是要去理发。诸位先生照照镜子，若觉得有必要理个发、做个好榜样的话，我安排时间到理发室去。”

结果可想而知。有几个人真的照了镜子，当天下午就去了理发室，按规定理了头。凯瑟第二天早晨点评道：他已经观察到一些人的领导素质有了提高。

1887 年 3 月 8 日，雄辩的亨利 · 沃德 · 比彻去世了。此后的第二个周日，莱曼 · 艾伯特被邀请在葬礼上讲话。为求做好，他写了又改，改了又写，还仔细地润色，其用心程度不亚于福楼拜写小说。然后，他念给妻子听。可是这篇讲话很乏味，就像所有提前写好的讲演稿一样。他的妻子如果不太明智的话，本可以这样说："莱曼，这真可怕。从来没人这么做。你会让人昏昏欲睡的，因为听起来像是在读百科全书。要知道你一直在讲道，你本应该讲得更好。以上帝的名义，为什么不像个普通人那样去说点什么呢？为什么不说些肺腑之言呢？若是讲那些东西，你会为自己而羞愧的。"

她可以这样说。但是如果她说了这些话，你会知道结果怎样。于是，她只是说这会是一篇适合《北美评论》的好文章。换言之，在赞扬的同时含蓄地指出这不适合讲话。莱曼 · 艾伯特意识到了这一点，放弃了这篇精心准备的稿子，脱稿进行了讲话。

规则2：委婉地指出他人的错误。

3.先承认你自己的错误

我侄女约瑟芬 · 卡耐基来纽约当我的秘书。当时她十九岁，三年前高中毕业，从业经历几乎为零，但后来却成长为苏伊士西部一位最能干的秘书。起初她的确长进很慢。一天，我告诫自己："戴尔·卡耐基，等一下。你比约瑟芬的年纪大一倍，比她更有经验，怎么能奢望她的看法、判断力和主动精神和你一样呢？何况你也不见得有多高明！等一下，戴尔，你十九岁时在干啥呢？还记得你干的蠢事吗……"

经过深思熟虑，我由衷地得出结论：十九岁的约瑟芬比那时的我强得多。而且，我还得承认，我并没有给她多少赞扬。

自此，每当要指出她的错误，我都会说："约瑟芬，你做错了，但上天知道，这不会比我过去犯的错更严重。判断力不是天生的，而是来自经验。你已经比那时的我强多了。做了那么多傻事蠢事，我自己也羞愧难当啊，毫无资格批评你和其他人。但是你不认为如果这么做会更明智些吗？"

如果一个人在展开批评前先谦虚地坦承自己远非完美无缺，那么接受他的指正也非难事了。

加拿大马尼托巴湖的布兰登市有一位工程师狄里斯通对新秘书心有不满。他口授的信件在签字前每页里总有两三处拼写错误。狄里斯通先生说他是这样处理的：

跟许多工程师一样，我的英语和拼写并无过人之处，所以多年以来我都带个小辞典以备不时之需。当我指出秘书的错误却没有使她改进时，我决定换个方法。下一封信中我又发现了错误，我便坐到打字机旁，说："这个字好像不太对头。这是我经常搞不清楚的一个字，也是我查阅拼写书的原因（我打开书，翻到那一页）。是的，在这儿。因为人们以信取人，拼写错了会让我们显得不够专业，所以我十分注意拼写。"

我不知道她是否采纳了我的建议。但自此，她的错字率就明显降低了。

追溯到 1909 年，伯恩哈特·布隆王子就已经知道这样做的迫切性。布隆时任德国皇家大臣，效力于威廉二世——威廉皇帝傲慢、自大，是德国的末代皇帝。他创建了号称可以击溃一切的陆军和海军。

这时，发生了一件令人震惊的事。这位皇帝说了一些不可思议的话，震惊了欧洲，引起了世界的连锁反应。更糟糕的是，皇帝在访问英格兰期间，竟然愚蠢荒唐地当众发表了声明，还利用自己作为皇帝的权力准许将这些声明刊登在《每日电讯》上。比如，他宣称自己是唯一一个对英国抱有好感的德国人，他正创建一支对付日本威胁的海军，他独自把英格兰从俄、法的威胁中拯救出来，正是他的计划使英格兰的劳德·罗伯茨在南非战胜了布尔人，如此这般。

近百年来，在和平年代里，没有一个欧洲君主有过这样的惊人之语。整个欧洲炸开了锅，英格兰为之震怒。德国政客呆若木鸡。惊慌中，皇帝想让布隆承担骂名。是的，皇帝想让布隆宣布这都是他的责任，是他让皇帝这么说的。

"但是，尊敬的陛下，"布隆申辩道，"无论是德国人还是英国人，他们绝对不可能相信我能够让您这么说。"

这些话脱口而出之际，他意识到自己犯了大错。皇帝发怒了："你以为我蠢得像头驴子吗？"他咆哮道，"会犯这种你永远不会犯的错误！"

布隆知道他应该在批评前先赞扬一番，而现在为时已晚。接下来他干了件聪明事。他在批评之后开始了赞颂，并产生了奇效。

他谦恭地答道："我的建议不仅仅如此。尊敬的皇帝陛下在诸多方面远胜于我，不仅在海军和军事知识方面，在自然科学方面也是如此。尊敬的皇帝陛下在解释气压计、无线电报、X 射线时，我都亲耳聆听过。不论是自然科学，还是物理化学，我都自愧不如，甚至没有能力解释最简单的自然现象。但是，”布隆接着说，“我积累了一点历史知识，可能还有点儿政治尤其是外交能力。”

皇帝渐露笑颜。布隆在抬高皇帝、贬低自己中赞颂了皇帝，皇帝最后原谅了他，并饶有兴趣地说：“我不是说过，我们要互补？我们应该团结起来。”

他不止一次地和布隆握手，从这以后他情绪高涨，还发出誓言：“如果有人在我面前对布隆王子有什么微词的话，我就打烂他的鼻子。”

布隆聪明及时的应变拯救了自己，但是作为一个谨慎的外交官，他毕竟犯了一个错误：他应该一开始就提到威廉皇帝的高明和自己的不足，而不是在皇帝需要维护尊严时去冒犯他。

如果几句贬低自己、赞扬他人的话能让傲慢自负的皇帝成为挚友，那么试想一下，谦恭和赞扬在日常交往中会给你我带来什么？合理地利用这一原则，就会在人际关系中创造奇迹。承认你自己的错误——即使在你还没有改正错误时——可以帮助别人信服地改变他的行为。下面这个例子可以佐证。马里兰的克拉伦斯·泽胡森发现自己十五岁的儿子在尝试抽烟。

很自然地，我不想让大卫抽烟，但是他的母亲和我都抽烟，我们总是给他树立坏榜样。我对大卫解释我是如何在他这个年纪开始抽烟的，尼古丁是如何把我的健康夺走的，现在，我几乎不可能戒烟了。我提醒他我的咳嗽是多么让人生气，而且就在几年前，他还追在我后面劝我戒烟呢。

我没有劝诫他停止抽烟，或者威胁、警告他香烟的危害。我所做的就是指出我是如何染上烟瘾的以及这对我意味着什么。

他想了一会儿，决定高中毕业之前都不再抽烟了。很多年过去了，大卫再也没有抽过烟，或者有想抽烟的倾向。

那次谈话还产生了另一个结果，就是我自己决定戒烟了。在家人的支持下，我成功了。

一个好领导遵循这个规则：

规则3：在批评他人之前，先谈谈你自己的错误。

4.没有人喜欢接受命令

有一次，我很荣幸能同美国著名传记作家协会会长艾达·塔贝尔女士一起共进晚餐。我告诉她我正在写这本书，然后我们开始探讨与人相处这个头等重要的问题。她告诉我，当她撰写欧文·D. 杨的传记时，曾采访过一位跟欧文先生在一个办公室共事过三年的人。此人宣称，自始至终，他从没有听到欧文·D. 杨向任何人直接发号施令。他总是向别人建议，而不是命令。欧文·D. 杨从没有说过诸如“干这干那”或者是“别做这，别做那”，而会说“你可以考虑一下”或者是“你认为这管用吗？”在口授一封信后，他经常会问：“你认为这封信怎么样？”在看完助理写的信后，他会说：“如果我们这样表达，可能会更好。”他总是让人有机会自己做事。他决不告诉他的助手去做某事，而是放手让人做事，使其从中汲取教训。

类似的技巧使一个人改正错误不再艰难。类似的技巧可拯救一个人的自豪感，使其得以自重。它可以增进合作，而不是对抗。

粗暴的命令产生的怨恨持久难平，即使这个命令是出于要纠正非常严重的错误的考虑。宾夕法尼亚州怀俄明市一位职业学校的老师丹·圣塔雷利给我们讲了他学生的故事。这个学生违法停车，堵住了通往学校一家商店入口的道路。一名教师生气地走进教室，用傲慢的声音问：“谁的车堵住了行车道？”那个学生回答那是他的车，教师叫道：“把那辆车挪走，立刻就挪！否则，我就要用铁链把它缠起来从那儿拖走。”

虽然学生犯了错，那辆车本不应停在那里。但从那天起，不仅是犯错的学生憎恨那名教师的行为，班里所有的学生都尽可能地给他难堪，让他工作起来很不愉快。

如果他用不同的方法处理会怎么样？如果他用一种友好的方式问："谁的车停在行车道上了？"然后暗示说如果把车移开，其他的车就可以进出了，学生会很乐意把车移走，他和那些学生们就都不会有怨言和不满了。

提问的方法不只会让命令变得好听，还常常能激发对方的创造力。如果人们能参与决策，那么他们会更愿意接受命令并执行它。

南非约翰内斯堡的伊恩·麦克唐纳是一个小制造厂的总经理，专门研究精密仪器。他收到一个非常大的订单，可是他确信他不能在指定的期限内交货。车间的工作都排满了，而且这个订单要求的交货时间非常紧迫，他似乎不能接受这份订单。

他没有让工人们加快进度来赶工，而是召集了全体会议，解释当前的情况，并告诉他们如果能够及时完成这笔订单的生产任务，对公司和对他们个人具有多么重要的意义。然后，他开始提问题：

要处理这个订单，我们有哪些工作要做？

有没有谁能够想出不一样的方法，加快车间的生产速度来完成这个订单？

有没有什么方法能够调整工作时间或者人员安排以促进生产？

员工们集思广益，坚持让他接受这份订单。他们表态："我们能够完成任务。"于是，订单被他们确认、完成，并按时送了货。一个高效的领导可以运用这一规则：

规则 4：用提问来代替直接下命令。

5.给他人留面子

几年前，美国通用电气公司遇到一件很棘手的事，他们打算撤去查尔斯·斯坦梅茨的部长职务。在电工学方面，斯坦梅茨是一个重量级的天才。可是，他担任计算部的部长却不能胜任。然而公司不敢得罪他。斯坦梅茨是不可或缺的人才，又非常敏感。所以，公司给他一个新头衔，请他担任通用电气公司的顾问工程师——这是给他从事的工作特别安排的新头衔，而另派他人负责计算部。

斯坦梅茨很高兴。通用电气公司的高级主管也很高兴。他们小心地安置了最喜怒无常的天才，没有吵得满城风雨，因为他们顾全了斯坦梅茨的面子。

顾全一个人的面子。那是多么重要啊！可是我们很少有人想到过这一点！我们蹂躏了别人的感情，只顾我们自己的想法；挑别人的错处，或者加以恐吓；当着他人的面，批评孩子或员工，根本没有考虑过对别人自尊造成的伤害。其实，只需要我们思考几分钟，斟酌一两句话，诚恳地理解他人的态度，就可以减轻这种伤害！

下次如果我们不得已必须解雇或是批评员工时，应当记住这一点。

现在请允许我引述注册会计师马歇尔·格瑞杰写给我的一封信。

辞退雇员可不怎么有趣，被辞退的人当然更不觉有趣了。我们的业务都是有季节性的，所以，每年所得税申报高峰过去之后，我都不得不辞退一批雇员。

在我们这一行中，有一句俗话是“没有人愿意挥动斧头”。结果就形成一种习惯，速战速决，而且通常这样说：“请坐，史密斯先生。

现在季节已过，我们似乎已没有什么工作给你做了。当然，我相信你事前也知道，我们只是在旺季才请你们来帮忙。”

这些话对人的影响，是一种失望，一种受了委屈的感觉。他们中大多数人是终生在会计行业中谋生的。他们对这样随便辞退员工的公司，并不特别热爱。

最近，我决定在辞退那些季节性员工时，用一点手腕和一些体谅。

于是，我把每人在冬季中的工作情况细看过之后，才约见他们。我是这样说的：“史密斯先生，你的工作很好（如果他确实如此）。那次，我派你到内瓦克，任务很棘手，你的处境很不利，但是你却完成得有声有色。我们希望你知道，公司为你感到骄傲。你是个人才，无论你在什么地方工作，你的前途都是一片光明。公司相信你，会一直支持你，我们希望你不要忘了这一点。”

效果如何呢？这些人的心情似乎舒畅多了。他们不再觉得受了委屈。他们知道如果我们有工作给他们做，我们就会继续雇用他们。当我们又需要他们时，他们会怀着渴望的心情加入我们的工作。

作为训练的一部分内容，我会让两个班的学员讨论吹毛求疵的消极效果和让他人保全面子的积极效果。

宾夕法尼亚州首府哈里斯堡的佛瑞德·克拉克对我们讲述了发生在他公司里的一件事。

在我们的一次生产会议上，有位副总裁针对一名产品监督员的生产流程提出了尖锐的批评。他的语调咄咄逼人，矛头直指那位监督员的一些工作失误。由于不想在同事们面前表现出难堪，监督员的回答含糊其辞。于是，副总裁发火了，严厉指责这名监督员信口雌黄。

此前，他们原有的工作关系被这次短暂的冲突彻底破坏了。这位监督员总体上是个好员工，可是从那时起他就再没有为公司出过力。几个月以后，他离开了我们公司，转而为竞争对手工作，我听说他在那儿的工作很不错。

班上的另一名学员安娜·马佐提到发生在工作中的一个类似事件，但是两者在处理方法和结果上是多么截然不同啊！马佐女士是一家食品包装厂的市场调查员，她接受了入职以来第一项重要任务——某一新产品的试销工作。

当试销的结果出来以后，我一下子蒙了。我在计划中犯了一个严重的错误，整个实验不得不全部重做。更糟糕的是，我马上就要在会上报告计划的进展情况，而在会前，我已经没有时间和老板讨论这件事了。

当轮到我汇报时，我害怕得发抖。我竭尽全力才没有垮掉，但是我告诉自己不能哭，免得让所有这些男人认为，女人没有能力做好管理工作，因为她们太感情用事了。我简短地做了汇报，并说明由于我的错误，我会在下次开会前重新做一次研究。我坐下了，等待着老板的大发雷霆。

他并没有发火，相反，他为我的工作感谢我，他说在一个新项目上犯错误对于一个人来说是很正常的。他确信重新进行的调查一定会很准确，会对公司有很大帮助。他在所有同事面前保证说，他对我有信心，知道我已经尽了最大的努力。这次失败的原因是我缺乏经验，而不是缺乏能力。

我离开会场时，头抬得高高的，暗下决心不让老板再对我失望。

即使在我们绝对正确而他人完全错误的情况下，如果我们让别人丧失了颜面，我们自己也会受到伤害。传奇的法国飞行先驱和作家圣埃克苏佩里写道：

我没有权利说或者做任何事来贬低一个人的自我评价。重要的不是我如何看待他，而是他如何看待他自己。伤害一个人的尊严就是犯罪。

一个真正的领导总是遵循这项规则：

规则 5：让他人保全面子。

6.如何激励他人获得成功

皮特·巴洛是我的一个老朋友。他对狗、马的性情很了解，把毕生的精力都投入到马戏表演和歌舞杂耍表演上。我喜欢看皮特训练新来的狗表演。我注意到，当一只狗表现出一点点进步时，皮特会拍拍它，称赞它，还大张旗鼓地给它肉吃。

那不是什么新鲜的事。几个世纪以来，动物训练员都运用同样的技巧。

我想知道，当我们想改变一个人时，为什么不利用同样的共性，借鉴一下我们在改变狗的行为时所用的办法呢？我们为什么不用肉来代替皮鞭呢？为什么不用称赞来代替责备呢？即使只有略微的进步，我们也要称赞，这样可以鼓励别人继续提高。

心理学家杰斯·莱尔在他的《我不是伟人，宝贝——但我就是我》一书中写道："赞扬就像阳光温暖着人们的心灵。没有它，我们就不能茁壮成长。然而不知何故，我们大多数人只准备给他人批评的寒风，我们总是不愿意给我们的伙伴以阳光般温暖的赞扬。"

回顾自己的生活，我发现几句赞扬的话极大地改变了我的整个未来。你难道不认为在你的生活中也有同样的例子吗？赞扬能产生惊人的魅力，历史上这样的例子俯拾皆是。

比如，许多年以前，一个十岁的男孩在那不勒斯的一家工厂做工。他希望成为一个歌唱家，可是，他的第一位老师打击了他。"你不能唱歌，"那位老师说，"你根本没有好嗓子，发出的声音就像风吹过了百叶窗。"

可是，那孩子的母亲，一个贫苦的农家妇女，搂着自己的孩子，称赞他，并且告诉他，她知道他能唱歌，她已经看到他的进步了。那位农家母亲的鼓励和称赞改变了男孩的一生。男孩的名字叫恩里科·卡鲁索，他成为当时一位最伟大最著名的歌剧演唱家。

19 世纪早期，伦敦有个年轻人渴望成为作家。可是事与愿违，一切都好像跟他处处作对似的。他所受到的学校教育不到四年，他父亲因为欠债而入狱，这个年轻人饱受饥饿之苦。最后他找到一份工作，在一间老鼠满地跑的仓库里粘贴墨水瓶上的标签。夜晚，他跟另外两个孩子——来自伦敦贫民窟的流浪儿一起，住在昏暗的阁楼里。他对于自己的写作能力没什么信心，所以等到夜深人静时才把第一篇稿子投进邮箱，这样就没人嘲笑他了。他的稿子一篇接一篇被退了回来。终于，伟大的一天到来了，他的一篇稿子被采用了。其实，他连一先令的稿费也没得到，只得到了一个编辑的赞扬。这位编辑对他给予认可。这年轻人高兴极了，漫无目的地在街上徘徊，泪流满面。

这篇稿子的发表给了他赞扬和赏识，改变了他的整个生活。若不是那次的鼓励，这年轻人可能一辈子在那满是老鼠的工厂里工作。你可能听说过那年轻人的名字，他就是查尔斯 · 狄更斯。

在伦敦，还有一个年轻人，在一家卖干货的商店里谋生。他每天早晨五点钟就要起来打扫店铺，一天做十四小时的苦工。这纯粹是个苦差事，他一点也瞧不起。这样过了两年，他实在不能忍受了。于是，某天早晨起床后，他等不及吃早餐，一口气走了十五英里，找他做管家的母亲商谈。

他疯狂地向母亲哭着哀求。他赌咒要是再回那家店铺工作他就自杀。然后，他给他的老校长写了一封长而悲惨的信，说他心已破碎，不想再活下去了。他的老校长给了他一些赞美，说他真的非常聪明，应该找一份更适合的工作，然后给了他一个教员的职位。

那个赞许改变了年轻人的将来，并在英国文学史上留下了一个无法磨灭的印记。因为那年轻人不断地用他的笔写出数不清的畅销书，赚了一百多万元。你或许听说过他，他就是英国作家韦尔斯。

利用表扬代替批评是美国心理学家斯金纳教育法的基础理论。这位当代伟大的心理学家通过动物和人的实验研究得出结论，当我们减少批评、强调表扬时，人们的积极行为会保持下去，而消极行为会因为被忽略而减少。

北卡罗来纳州洛基山的约翰·瑞格斯邦用这个方法来教育孩子。在很多家庭中，父母与孩子的主要交流方式似乎是对他们吼叫。而且，多数情况下，每一次这样的教育后，孩子们会变得更糟糕，而不是更好——父母们也是如此。问题似乎始终无法解决。瑞格斯邦先生决定应用他在训练课上学到的一些规则来改变现状。

我们决定尝试用表扬的方法来代替对他们的错误喋喋不休的责备。当我们能看到的都是孩子们的消极行为时，这么做并不容易，真的很难找到可以表扬的地方。我们努力找到了一些优点加以表扬，在开始的一两天里，他们原有的一些很让人生气的做法停止了。然后，他们一些其他的毛病也开始消失。他们开始珍视我们给予的表扬，甚至开始用他们的方式去做正确的事。真让人难以置信。当然，这些变化不会永远持续下去。但是当他们稳定下来之后，他们的行为规范比原来好多了。没有必要再继续我们过去的责骂方式了。孩子们做的正确的事情远远多于他们做错的。

所有这些都是父母对孩子们极微小的进步进行表扬，而不是对他们做错的每一件事都进行批评的结果。

这一规则对工作也同样有效。加利福尼亚州伍兰德山的基思·罗伯运用这一方法解决了他公司里的一件事。一些原材料运抵他的印刷车间，要印制一批高质量的印刷品。负责此事的印刷工人是个新手，还远远没有适应这个工作。主管对他的消极态度很不高兴，正在慎重考虑是否解雇他。

罗伯先生得知这一情况后，亲自来到印刷车间，找这个年轻的工人谈话。他告诉年轻人他刚接受这份工作时是多么高兴，他指出这是近期他在车间里见过的质量最好的一批活。他还确切地指出这批活为什么出色，以及年轻人对于公司的贡献是多么重要。

你认为这一席话能够使年轻的印刷工人改变对公司的态度吗？是

的，几天时间里，他就发生了彻底的变化。他告诉几个工友这次谈话的内容，公司领导真诚地赞赏他出色的工作。从那天起，他就成为一名忠诚、尽职的工人。

罗伯先生所做的不是奉承年轻的印刷工人说“你很棒”，他特别指出了他的工作是如何出色的。因为他挑选了一个特殊的值得赞扬的成就，而没有说笼统的奉承话，所以他的表扬对于年轻的工人更有意义。每个人都喜欢被称赞，但是当赞扬的内容详细而明确时，这才是发自真心的赞赏，而不是仅仅为了取悦对方才说的话。

记住，我们都渴望赞赏和认可，并会竭尽全力来得到它。但是没有人想要伪善的表扬和奉承。

让我重复一遍：本书教授的规则只有在人们发自真心时才会起作用。我不是在鼓吹弄虚作假，我讨论的是一种新的生活方式。

人，让他们意识到自己潜藏的财富，那么我们就能够逐渐地转变他们。

这话夸大其词吗？让我们听听美国最杰出的心理学家和哲学家威廉·詹姆斯的几句名言：

和我们应该做到的相比，我们仅仅保持着一半的清醒。我们正在利用一小部分生理的和心理的资源。由此推而广之看人类社会，个体的生活长期囿于局限中。人们拥有各种不同的能力，但是他们却习惯性地舍弃。

是的，亲爱的读者，你就是“拥有各种不同的能力，但是却习惯性地舍弃”的人。这些能力中有一种你可能还没有最大限度地利用它，那就是称赞别人、激励别人，让他们意识到自己的潜能的神奇能力。

能力在批评之下会凋谢，它们在赞扬之中才能开花。要想成为一个更加富有效率的领导，请应用这一规则：

规则 6：称赞每一个最细微的进步。要“热衷于赞扬并慷慨地送上你的嘉许”。

7.给他人一个好名声

当一个出色的工人开始变得不如从前时，你会做些什么？你可以解雇他（她），但是那样做并不能真正地解决任何事。你可以严厉地指责工人，但是这通常会导致反感。印第安纳州洛厄尔的亨利·汉克是一个大型卡车经销店的服务经理。他的一个机修师工作没有以前那样让人满意了。汉克先生没有责骂或者吓唬他，而是把他叫到办公室，和他进行推心置腹的谈话。

“比尔，”他说，“你是一个很好的机修师。你在这条生产线上已经工作好多年了。你修理了很多汽车，顾客们都很满意。事实上，我们对你出色的工作一直赞不绝口。不过，最近，你完成每一件工作的时间延长了，而且你的工作也赶不上你以前的水平了。因为你过去是这么杰出，我确信你会理解我对这种情况并不乐观，也许我们可以一起寻找改善问题的办法。”

比尔回答说他没有意识到工作退步了，他向老板保证他现在负责的工作没有超出他的专业范围，以后他会尽力改进。

他做到了吗？你可以确定他信守了诺言。他又重新成为一个熟练的高水平机修师。为了实现汉克先生赋予他的好名声，他干得比过去更好。

鲍尔温机车厂的总裁塞缪尔·沃克雷说过：“如果你对他（她）表示敬意，如果你表现出敬佩他（她）在某一方面的能力，人们通常会愿意接受你的领导。”

简而言之，如果你想提高一个人在某方面的能力，就要表现得好像他已经具备了这种杰出的品格一样。莎士比亚说过：“如果你没有某种美德，就假定你有。”假定并公开承认他人有你希望他们发展的美德，这可能是一个好办法。给他一个美好的名声去表现，他宁愿付出巨大的努力，也不愿意让你失望。

乔盖特·勒布朗克在她的《纪念，我和梅特林克的生活》一书中，描述了一个卑下的比利时女佣的惊人转变。

隔壁饭店里有个女佣每天替我送饭菜来,人们叫她“玛丽洗碗工”。因为她开始工作时，是厨房里的一个助手。她长相古怪，一对斗鸡眼，两条弯弯的腿，身体瘦弱，无精打采。

有一天，当她用发红的手端着一盘通心粉递给我时，我直言不讳地对她说：“玛丽，你不知你的内在财富是什么。”

玛丽习惯性地抑制了自己的情绪，她停了一会儿，不敢流露出一点喜欢的样子，生怕会招来什么灾祸似的。然后，她把面放到桌上，叹了口气说：“太太，我真不敢相信这句话。”她没有任何怀疑，也没有提出问题，只是回到厨房，重复着我所说的话。出于对我的信任，她知道我没有和她开玩笑。从那天起，她陷入了思索。最让人吃惊的变化发生在这个卑微的玛丽身上。她相信自己暗藏着没有被发现的能力，她开始注意仔细地修饰她的面部和身体。她逝去的青春似乎开始绽放，这刚好掩藏了她的平凡。

两个月后，她宣布说她就要跟厨师的侄儿结婚了。“我要成为夫人了！”她这样说，并向我道谢。短短的一句话改变了她的人生。

乔盖特·勒布朗克给“玛丽洗碗工”一个可能实现的好名声，那个名声转变了她。

佛罗里达州贝特纳海滩的比尔·帕克是一个食品公司的销售代表，他对公司正在推出的新型生产流水线非常感兴趣，所以当一个独立的大型食品市场的经理拒绝在他的商店使用这种流水线时，他觉得很难过。比尔一整天都在思考这件事，他决定天黑回家前重返那家商店再试一试。

“杰克，”他说，“早晨从这儿离开后，我就意识到没有给你我们新型生产线的完整图纸。我很感激你愿意花时间听我讲讲遗漏之处。我之所以敬佩你，就是因为你总是乐意倾听，而且在情况发生变化时，能大度地改变你的想法。”

杰克会拒绝再给他一次机会吗？当然不会，因为他要维护他的好名声。

马丁·菲茨胡医生是爱尔兰都柏林的一名牙医。一天早上，当一名病人指出她用来漱口的金属水杯并不干净时，他感到十分震惊。真实情况是病人用纸杯喝水，不是金属杯，但医院使用失去光泽的用品确实有失专业水准。

病人离开后，菲茨胡医生回到自己的办公室，给每星期两次来打扫办公室的女佣布里奇特写了一封短信。他写道：

亲爱的布里奇特：

尽管我很少能见到你，但我愿意花费一点时间对你出色的保洁工作表示感谢。顺便说一句，我觉得，每星期两次、两个小时的时间非常有限，如果你感觉有必要做那些一次性的工作，就像擦亮金属杯子之类的事的话，我希望你能时不时地多花半个小时，时间由你自己掌握。我当然会为此支付相应的费用。

“第二天，当我走进办公室的时候，”菲茨胡医生说，“我的桌子被擦得像镜子一样亮，椅子也是，我差点从上面滑下来。当我走进诊疗室时，发现我从没见过的最干净、最闪亮的不锈钢金属杯放在杯托里。我给女佣的赞美之词实现了，正因为这一点小小的表扬，她做得比以往任何时候都好。她花费了多少额外的时间呢？是的，没有多花一点时间。”有这样一句古语：“给狗一个恶名，就等于把它吊死了。”但是如果给它一个好名声呢——让我们看看会发生什么？

霍普金斯是纽约布鲁克林教四年级学生的教师。开学第一天，她查看班级名册时，那种对新学期的兴奋和喜悦立刻被焦虑所取代。这一年在她的班里有个学生叫汤米，是学校里最声名狼藉的“坏男孩”。他的三年级老师向同事、校长和其他人不断地抱怨。他不是光淘气而已，他在班里严重地违反纪律，和男孩们打架，戏弄女孩子，对老师没有礼貌，而且随着年龄的增长他变得更糟了。唯一能够弥补的优点是他学习的速度很快，能轻易地掌握知识。

霍普金斯夫人决定立刻着手解决“问题汤米”。当她和新学生见面时，她对每一个人都做了评论：“罗斯，你穿的裙子很漂亮。”“艾丽西娅，我听说你画画很不错。”轮到汤米时，她直视他的眼睛说:“汤米，我知道你是天生的领导者。我打算请你来帮助我，把我们班变成今年四年级最优秀的班级。”在开始的一段时间她不断地强调这一点，对汤米做的每一件事都进行表扬，而且评价说，从这些事可以看出他是个好学生。得到了这样的正面评价，即使是一个九岁的孩子也不会让她失望——汤米果然没有辜负她的期望。

如果你想突破改变他人态度和行为的难关，作为领导者，你应该利用这一规则：

规则 7：给他人一个愿意追求的美名。

8.让错误看上去容易纠正

我的一个四十岁左右的单身朋友，终于订婚了。他的未婚妻劝他补学跳舞。他告诉我这件事的经过。

上帝都知道我需要学跳舞，因为我现在跳起舞来，水平和二十年前开始学跳舞的时候一样。我所请的第一位老师说的或许是真话。她告诉我说，我的舞步完全不对，必须从头再学。但那使我很灰心，我无心继续，所以我辞掉了她。

第二个老师说的也许是假话，可是我听了很高兴。她若无其事地说，我跳的舞步有点过时了，可是基础不错，她说我很容易就可以学会几种流行的新舞步。第一个老师打消了我的兴趣，而新老师恰好相反。她不断地称赞我跳对的地方，减少了我舞步上的错误。“你有一种很自然的韵律感，”她肯定地说，“你是一位天才的舞蹈家。”可是我的经验告诉我，一直以来，我都只是一位第四流的舞蹈者。可是，我心里却希望她所说的也许是真的。当然，或许是我付了学费的缘故，才使她说那些话，但我为什么要戳穿她呢?

不管怎么说，我现在的舞蹈水平，要比她没有说我有一种“很自然的韵律感”那句话前的状态好得多。那句话鼓励了我，给了我希望，使我自己愿意提高。

告诉你的孩子、你的伴侣或是你的员工，他（她）在某一件事上愚蠢至极，没有一点的天赋，所做的完全不对，等等，那你就几乎把他（她）进取、上进的心情破坏殆尽。可是，如果运用一种相反的技巧——慷慨地给予人们一些鼓励，让事情看上去很容易做，使他人知道，你对他的能力有信心，他是有潜力的——那么他为了战胜困难，就会彻夜练习，直到黎明的阳光照进窗户。

这正是人际关系的艺术大师洛厄尔·托马斯所用的方法。他善于给你信心，并用勇气和信任来鼓励你。比如说，最近我同托马斯夫妇共度周末,星期六晚上,他们约我一起参加桥牌友谊赛。“桥牌？噢,不!不行！不行！我可不行。我对此一窍不通。这游戏对我来说就像一个极神秘的谜。不行！不行！这是不可能的！”

“为什么呢，戴尔，这毕竟不是骗局。”托马斯回答说，“玩桥牌，除了记忆力和判断之外没有任何技巧。你曾写过关于记忆方面的文章，所以桥牌对你来说轻而易举，你有能力掌握它。”

很快，我还没有意识到自己在干什么之前，发现自己已经坐在桥牌桌上了。那是我有生以来第一次玩桥牌。这都是因为托马斯说我有玩桥牌的天分，还告诉我这种游戏看上去很容易。

提起桥牌,我不禁想起了伊利·库伯森。他所著的有关桥牌的书籍，已经被译成十二种语言,销售数量超过一百万册。可是,他曾经告诉我，如果不是某个年轻女人告诉他，说他有玩桥牌的天分，他一定不会以玩桥牌为职业。

当他 1922 年来到美国，打算找一个教哲学或是社会学的职业，可是没有成功。

后来，他尝试推销煤，结果失败了。再后来，他尝试推销咖啡，结果也失败了。

他会玩一点桥牌，但是那时候，他从未想过有朝一日他会教人玩桥牌。他不但是个贫穷的玩牌人，而且很固执。他的麻烦很多，而且常常在玩牌过程中抵押物品，所以谁也不愿意跟他一起玩牌。

后来库伯森遇到一位美丽的桥牌老师约瑟芬·狄龙，并爱上了她，同她结婚了。当时，狄龙注意到他十分仔细地分析自己手里的牌，就告诉他，说他是牌桌上最有潜力的天才。库伯森对我说，就是由于狄龙那句话的鼓励，使他后来成为职业的桥牌玩家。

克拉伦斯·琼斯是我们在俄亥俄州辛辛那提市的一名培训教师。他告诉我他是如何通过鼓励，并使错误看上去容易纠正，而彻底改变了他儿子的生活。

1970 年，我十五岁的儿子大卫搬到辛辛那提和我一起住。他以前的生活很艰辛。1958 年在一次车祸中，他的头受伤了，前额留下了一道非常可怕的伤疤。1960 年，他的母亲和我离婚，他搬到得克萨斯州的达拉斯和他的母亲同住。一直到十五岁时，他所受的教育大部分是在达拉斯为迟钝儿童开设的特殊班级里进行的。也可能是因为那道伤疤，学校的管理者认为他的大脑受过伤，不能达到正常的智力水平。他比同龄的孩子落后两年。他不知道乘法表，只会扳着指头算加减法和简单的阅读。

他有一个积极的地方，他喜欢摆弄收音机和电视机。他想成为电视维修工。我鼓励他并指出他如果要参加培训必须具备数学知识。我决定帮助他精于此道。我们准备了四套数目抽认卡：乘法、除法、加法和减法。在我们进行练习时，我把正确的答案放在一旁。当大卫答错了，我就把正确答案给他，然后把卡片放到需要重做的一堆里，直到所有的卡片都过了一遍。我特别注意他算对了的卡片，尤其是以前做错的那些。每天晚上，我们都用秒表记录下练习所用的时间。我向他许诺，如果他能在八分钟之内把所有的卡片都算对，我们晚上就可以停止练习了。这对大卫来说似乎是一个不可能实现的目标。第一天晚上，他用了五十二分钟，第二天四十八分钟，然后是四十五、四十四、四十一，然后是四十分钟以下。每一次进步我们都要庆祝一番。我叫来了妻子，我们两人紧紧地拥抱他，兴奋地跳起了快步舞。到了月底，他可以在不到八分钟的时间里做对全部的卡片了。他惊奇地发现学习是容易而有趣的事。

很自然，他的代数评分有了飞跃。当他学会乘法后，他吃惊地发现代数变得简单多了。他得到了“B”级的数学评分，惊喜地把成绩拿回了家。这是前所未有的事。其他的变化也以令人无法置信的速度发生着。他的阅读提高迅速，他开始发挥绘画方面的天分。这个学年的晚些时候，他的理科老师安排他举办一个展览。他选择了一系列高难度的模型来论证杠杆原理。这不仅需要绘画和制作模型的技巧，还要应用数学知识。这个展览在他们学校的科学展览会上夺得了一等奖，在整个辛辛那提市的评比中得了三等奖。

事实就是这样。这个因为考试不及格被降了两级的孩子，这个因为“大脑受损”被他的同学叫做“咎由自取的人”的孩子，这个被认为脑袋里渗水的孩子，突然之间，他发现他能够学会并完成这些事情。结果呢？从八年级下半学期开始一直到高中毕业，他从没有出过优等生的队伍。高中，他被选为国家荣誉公民。一旦他发现学习很容易，他的整个人生就改变了。

如果你想帮助他人进步，请记住：

规则8：使用鼓励的方法。让错误看起来容易纠正。

9.让人们乐意做你希望的事

1915 年，第一次世界大战期间，美国陷入了恐慌。因为就在一年多的时间里，欧洲各国彼此残杀，其残酷程度和规模在人类战争史上前所未有。和平能实现吗？没有人知道。可是，伍德罗·威尔逊总统决心试一试，他派了一个私人代表，一个和平专使，去和欧洲那些军阀们会商。

威廉·詹宁斯·布赖恩是当时的国务卿，他力主和平，希望为这件事奔走。他也看出这是个绝好的表现机会，可以名垂千古。可是威尔逊总统却派了另外一个人去，布赖恩的好友爱德华·豪斯上校。对豪斯上校来说，如何把这件事告知布赖恩，而不激起他的愤怒，真是个痛苦的难题。

豪斯上校的日记记载了当时的情况。

当布赖恩听说我要去欧洲担任和平专使时，显然非常失望。他说这件事原本他准备自己去。

我回答说，总统认为以官方的形式派人担任这件事，非常不明智。如果你去了那里，会引起人们极大的关注，人们会猜测为什么美国政府要派一个国务卿来参商此事？

你是否看出这话中的暗示？豪斯上校实际上是在告诉布赖恩他的职位太重要了，担任那项工作极不合适，而布赖恩对这个回答满意了。机警而洞察世情的豪斯上校，遵循了人际关系中一项重要的规则："永远让他人乐意去做你所建议的事。"伍德罗·威尔逊总统邀请威廉·吉布斯·麦克阿杜做他的内阁成员时，也遵循了这项规则。这是他能给任何人的最高荣誉，威尔逊愿意使麦克阿杜感觉到自己双倍的重要性。这里是麦克阿杜自述的故事：

威尔逊总统说他正在组织内阁，如果我接受财政部长一职，他会非常高兴。他用了一种令人愉快的行事方法，给我留下了深刻的印象，使我觉得如果我接受了这项伟大的荣誉，就是帮了他一个大忙。

不幸的是，威尔逊总统没有永远运用这种手腕。如果他运用了的话，历史的演变或许就跟现在不一样了。例如，关于美国加入国际联盟的问题，威尔逊并没有获得议院和共和党的赞同。威尔逊总统拒绝带伊利胡·鲁特、查尔斯·伊万·休斯或是亨利·卡伯特·洛奇等著名的共和党党员随他参加和平会议。相反，他带了在他自己党内并没有名望的两个人去参加会议。他故意怠慢共和党，不让他们觉得创办国联是他们的意见，拒绝给他们分上一杯羹。威尔逊粗鲁地处理人际关系的结果是，他摧毁了自己的事业，损害了自己的健康，甚至缩短了自己的寿命。而美国因此始终未能加入国际联盟，一定程度上改变了世界历史。

运用“使人们乐意去做你所建议的事”这个规则，并不是政治家和外交家的专利。印第安纳州韦恩堡的戴尔·佛瑞尔告诉我，他怎样鼓励孩子愿意去做他交代的家务杂事。

杰夫的任务是从梨树下捡起掉落的梨，这样在树下割草的人就不必停下来捡梨了。他不喜欢这个差事，经常偷懒不干或做得很糟糕，以至于割草的人不得不停下来捡他漏掉的梨。我没有和他面对面地对质，有一天我对他说：“杰夫，我想和你做个交易。你每次捡满一篮子掉落的梨，我就给你一美元。但是在你结束工作之后，如果我发现院子里还有没捡的梨的话，每发现一个我就会拿走一美元，怎么样？”

你可以想见，杰夫不仅捡起了所有的梨，而且我不得不留心观察，看他有没有从树上摘梨放到篮子里。

我认识一个人，有许多人请他去演讲。他没有那么多时间，因此，不得不拒绝一些人，其中包括他的朋友，或是那些很有关系的人。然而，他推辞得非常巧妙，对方虽然遭到了拒绝，可是都没有感到不满。他是如何做到的呢？他并没有简单地告诉他的朋友，他太忙抽不出时间或是其他这样那样的原因。他没有这么做。他感激对方的邀请，同时感到非常抱歉不能接受他们的请求，接着他建议一位能代替他演说的人。换句话说，他不会使人感到被拒绝的不快。他会立即说服他人改变想法，去邀请有可能接受邀请的别的演说家。

甘特·施密特是一名在德国参加我们训练的学员。他的食品商店有位员工经常粗心大意把货架上商品的价签弄错，这引起了混淆和顾客的抱怨。施密特决定设法解决这个问题，可是暗示、警告和当面批评都没有什么用处。最后，施密特先生把她叫到办公室，任命她做整个商店价格标签的负责人，负责将货架上的价签放到合适的位置上。新的责任和头衔使她的态度发生了根本的改变，从那以后，她尽责地把工作做到令人满意的水平。

幼稚吗？或许是的。可是这事同样发生在拿破仑身上。当他创建荣誉军团时，曾颁发了一万五千枚十字徽章给他的士兵，封他的十八位将军为“法国大将”，称他的军队为“伟大的军队”。人们批评他拿“玩具”给那些出生入死的军人。拿破仑回答说：“人就是被玩具所统治。”

这种赠予头衔或权威的方法，对拿破仑有效，对你同样有效。例如，我的一个朋友，纽约的欧内斯特·詹特夫人被一件事困扰着。那些顽皮的孩子常常穿过并踩坏她家的草坪。詹特夫人试过批评、哄劝的办法，可都不管用。后来，她找到一个最淘气的孩子，给他一个头衔，使他有种权威的感觉。她让那孩子做她的“密探”，专门侦察那些草地入侵者。这方法解决了问题。她的“密探”在后面院子燃起一堆火，把一条铁棍烧得通红的，并且恐吓那些孩子，谁再踏入草地，他就用烧红的铁棍烫谁。

高效的领导者在必须改变他人的态度和行为时，应该在心中遵循以下的指导方针：

1．真诚。不要承诺任何你没有把握的事。忘记自己的利益，把注意力放到他人的利益上。

2．弄清楚你到底希望他人做什么。

3．为他人着想。问问你自己，他人真正想要的是什么。

4．考虑一下他人能从你的建议中得到什么益处。

5．尽量使他人受益。

6．在你向他人提出你的要求时，用这样一种表达方式：这个想法是为了他的利益。我们可以像这样简略地说："约翰，明天我们有顾客要来，我需要你把仓库打扫干净。那就开始扫除吧。把库存整齐地码放在架子上，并把柜台擦干净。"或者，我们还可以换种说法表达同样的意思，而让约翰觉得他能从这个任务中获益："约翰，我们有个工作必须立刻完成。如果现在完成它，就不会把工作拖到很晚了。明天我请了一些顾客来参观工厂。我想带他们参观仓库，但是那里情况不太好。如果你能把仓库打扫干净，把库存整齐地码放在架子上，并把柜台擦干净的话，会让我们的工作看上去很有效率，而且你也为保持公司的良好形象出了一份力。"

约翰会高兴地做你所建议的事吗？可能不是太愿意，但至少比你没有指出对他的好处时要高兴一些。你知道，假设约翰对整洁的仓库感到很自豪，并深感自己为公司的形象作出了贡献，他一定会更愿意合作。也要对约翰指出，这项工作是必须要做的，如果现在做完，就不会加班了。

当你运用这些方法时，如果总是期望他人能够持欢迎的态度回应你，未免有些天真了。但大多数人的经验证明，使用这些方法比不用更容易改变他人的态度。同时，如果你增加了哪怕只有 10% 成功的几率，作为一个领导，你就会比以前提高 10% 的工作效率。这就是你能从中得益的地方。

规则 9：让他人高兴地做你所建议的事。

译者后记

我第一次读到卡耐基《人性的弱点》这本书，大概还是我读初中的时候，在一个亲戚家里偶然发现。当时我年纪尚小，并不觉得人际关系有多重要，所以既没有认真地研究，更没有反复地阅读，仅仅翻看浏览而已。但是这短短的浏览，却在我的脑海里留下了一些很难磨灭的印记，不是由于这本书的高深，而是因为它太通俗易懂了，连一个对此并不十分感兴趣的初中学生都能大致领会其中的精神。这本书通篇采用了摆事实、讲道理的老一套论证方法，然而非常有效。可以说，这本书潜移默化地对我日后待人接物的态度产生了那么一点儿影响。

若干年后，我结束了学业参加了工作，渐渐领略到人际关系的复杂，明白了许多人情世故，知道了许多成功人士也和普通人一样，免不了不愉快甚至是被敌视的经历。我依然要面对工作关系中的僵局，生活中的困惑……我在人际关系的刀枪剑戟中躲闪，在事业和家庭的压力下徘徊着，以为这就是生活的本来面目，直到这本《人性的弱点》的英文版放在我面前。

翻译的过程虽然辛苦，但是同时充满吸引力，让我乐此不疲。我反复地研究书中的每一条规则，辨别、理解作者表述的意图，我发现我的某些困惑豁然开朗，从书中的很多例子上我看到了在人际交往中我曾经犯过的愚蠢错误，有的甚至和我的亲身经历如出一辙。我把我的感受和家人、同事们分享，我开始留心我的言行对他人的影响，我试着用书中建议的方法去处理问题。我发现，我的家庭和事业正在悄然地发生着变化，正如戴尔·卡耐基在书中所说的：它给了你一种全新的生活方式。

所以，在这篇译者后记中，我更愿意以一名读者的身份向你推荐这本书，无论你是一般职员、公司总裁，还是普通父母或者大学老师，都会需要这本书。尤其是年轻的朋友们，我相信这本书能够让你们在追求事业的成功和家庭的幸福中少走很多弯路。它运用心理学知识和人类共同的心理特点进行探索和分析，它是融合了演讲、为人处世、推销和管理等方面的技巧的一种训练方式的书面总结。在日常生活中尽可能多地耐心地应用书中的规则，可以给你鼓舞，使你更容易地交到朋友，成为受人欢迎的人。它帮助你不露痕迹地说服他人，增加你的影响力；它使你能妥善地处理抱怨，避免冲突，营造和谐的人际关系；它帮助你在与人交往时不再恐惧，充满热情。我想这也是《人性的弱点》这本书经世不衰、历久弥新的原因。

英文版书名原本是 How to Win Friends & Influence People，直译过来就是《如何赢得朋友并影响他人》。在翻译中，我沿用了通用的《人性的弱点》的译法，一来是因为读者对这一书名的普遍认可，二来是因为它确实表达了简洁而深刻的含义。我借鉴和比较了市面上正在销售的其他版本，发现这个版本与其他版本的区别在于它更新并增加了很多事例，使其更贴近现代人的生活，更容易被读者理解。另外，对原先论述不够充分的部分也进行了补充和完善。而在本书的体例和人际关系的原理论述方面，都和最初的版本一脉相承。戴尔·卡耐基本人很善于演讲，擅长在课堂通过提问等方式调动学员的积极性，所以我尽可能地保留了书中口语化的成分，力求少用艰涩难懂的词句，以强化本书的实用性和通俗性。

《论语》有云：“工欲善其事，必先利其器。”让我们把成功的人际交往当做“事”，把这本《人性的弱点》当做“器”。

以积极的态度提高自己与人打交道的能力，也许，我们能够以此为契机，重新审视自己的工作和生活，书写更灿烂的人生。

李晨曦

图书在版编目（CIP）数据

人性的弱点 /（美）戴尔·卡耐基（Dale Carnegie）著；李晨曦译. —南京：译林出版社，2017.1

（典藏书架）

ISBN 978-7-5447-6614-2

Ⅰ.①人… Ⅱ.①戴… ②李… Ⅲ.①心理交往－通俗读物 Ⅳ.①C912.11-49

中国版本图书馆CIP数据核字（2016）第221329号

书　　名 人性的弱点
作　　者 〔美国〕戴尔·卡耐基
译　　者 李晨曦
责任编辑 陆元昶
特约编辑 王　锦
出版发行 凤凰出版传媒股份有限公司
译林出版社
出版社地址 南京市湖南路1号A楼，邮编：210009
电子信箱 yilin@yilin.com
出版社网址 http://www.yilin.com
印　　刷 三河市华润印刷有限公司
开　　本 960×640毫米　1/16
印　　张 14
字　　数 212千字
版　　次 2017年1月第1版　2023年10月第5次印刷
书　　号 ISBN 978-7-5447-6614-2
定　　价 33.00元

译林版图书若有印装错误可向承印厂调换